KB212918

薦度祈禱  讀誦經典

지장경·장수멸죄경
地藏經 長壽滅罪經

(부록) 지장기도地藏祈禱와 영가천도靈駕薦度

지장시왕도地藏十王圖 (고려불화)

나무 지장원찬 이십삼존께위여래불
南 無 地 藏 願 讚 二 十 三 尊 諸 位 如 來 佛
지극한 마음으로 지장원찬 이십삼존 부처님께 지심귀명하옵니다.

나무 유명교주 지장보살마하살
南 無 幽 冥 教 主 地 藏 菩 薩 摩 訶 薩
지극한 마음으로 유명교주 지장보살 마하살께 지심귀명하옵니다.

나무 좌우보처 도명존자 무독귀왕
南 無 左 右 補 處 道 明 尊 者 無 毒 鬼 王
지극한 마음으로 좌보처 도명존자 우보처 무독귀왕께 지심귀명하옵니다.

차 례

가장 높고 미묘하고 깊고 깊은 부처님 법
백천 만겁 지나도록 만나뵙기 어려워라
제가 이제 다행히도 보고 듣고 지니오니
부처님의 진실한 뜻 깨닫기를 원합니다.

독경기도 자세와 순서

 독경기도 자세

1) 가정불단家庭佛壇이 있으면 경상經床 위에다 경전을 올려놓고 독경을 하면 좋지만 그렇지 않을 때는 **"자신이 앉아 있는 곳에서 불보살佛菩薩님을 모시고서 직접 법문을 듣는다는 마음"**으로 먼저 향을 사뤄 도량을 정화하고 마음을 정결하게 가다듬습니다.

2) 가능한 **"반가부좌半跏趺坐 자세로 엉덩이 밑의 좌복座服을 한번 겹치게 하여 상체를 반듯하게 펴주고 독송"**하면 집중력이 높아집니다.

3) 독경 시는 될 수 있으면 **"큰 소리의 고성염불高聲念佛로써, 빨리 독송하기보다 뜻을 새길 수 있는 속도"**로 또박또박 독송합니다.

 독경기도 순서

※ 본 책은 위 '지장경 독송순서'에 맞춰 엮어 놓았사오니 책장을 넘기면서 가능한 순서대로 독송하시기 바랍니다.
※ 형편에 따라 본 책의 순서와 내용을 가감하셔도 됩니다.

1) 삼귀의(三歸依) 혹은 삼배(三拜)

> 귀의불 양족존 歸依佛 兩足尊
> 귀의법 이욕존 歸依法 離欲尊
> 귀의승 중중존 歸依僧 衆中尊

복덕과 지혜 구족하신 부처님께 귀의합니다
모든 욕망 벗어나게 하는 가르침에 귀의합니다
무리 가운데 의뜸되는 청정승가에 귀의합니다

2) 독경의식 봉독

정구업진언 (입으로 지은 허물을 참회하고 맑히는 진언)
淨 口 業 眞 言

『수리수리 마하수리 수수리 사바하』(3번)

오방내외안위제신진언 (다섯 방위의 모든 호법신중들을
五 方 內 外 安 慰 諸 神 眞 言 편안하게 하는 진언)

『나무 사만다 못다남 옴 도로도로 지미 사바하』(3번)

개 경 게 (경전을 펼치면서 일심으로 마음을 가다듬는 게송)
開 經 偈

무상심심미묘법	백천만겁난조우
無 上 甚 深 微 妙 法	百 千 萬 劫 難 遭 遇
아금문견득수지	원해여래진실의
我 今 聞 見 得 受 持	願 解 如 來 眞 實 意

가장 높고 미묘하고 깊고 깊은 부처님 법
백천 만겁 지나도록 만나뵙기 어려워라
제가 이제 다행히도 보고 듣고 지니오니
부처님의 진실한 뜻 깨닫기를 원합니다.

개법장진언 (진리의 곳간인 경전공부에 들어서는 진언)
開 法 藏 眞 言

『옴 아라남 아라다』(3번)

3) 경전독경

4) 지장보살 정근

나무 유명교주 남방화주 대원본존
南無 幽冥教主 南方化主 大願本尊

「지장보살 지장보살…」 (※가능한 절하면서
地藏菩薩 地藏菩薩   정근하시길 권합니다)

고통 많은 지옥계의 주존이시고 인간세계 교화주이시며
다함없는 큰 원력으로 일체 중생을 이익되게 하시는
지장보살님께 귀의합니다.

『지장보살, 지장보살……』 (염불정근)

지장보살 멸정업진언 (지장보살께서 중생의 정해진 업을 녹이는 다라니)
地藏菩薩 滅定業眞言

『옴 바라 마니다니 사바하』 (3번)

지장보살위신력   항하사겁설난진
地藏菩薩威神力   恒河沙劫說難盡

견문첨례일념간   이익인천무량사
見聞瞻禮一念間   利益人天無量事

고아일심 귀명정례
故我一心 歸命頂禮

지장보살보살의 크나큰 위신력은
많은 겁 설하여도 다하지 못합니다.
보고 듣고 절하는 생각 사이에
사람과 하늘 돕는 일 무량하오니
저희들 일심으로 귀명합니다.

5) 참회 및 회향게 봉독

참회게 懺悔偈 (참회하는 게송)

원멸 사생육도 법계유정
願滅　四生六途　法界有情

다겁생래제업장　아금참회계수례
多劫生來諸業障　我今懺悔稽首禮

원제죄장실소제　세세상행보살도
願諸罪障悉消除　世世常行菩薩道

원컨대 법계에 있는 모든 중생들
옛적부터 지어온 모든 업장을 제가 지금
참회하옵고 머리 조아려 예배하오니
원하옵건대 모든 업장들 다 녹여 없애고
세세생생 보살도를 행하오리다.

회향게 迴向偈 (회향하는 게송)

원이차공덕	보급어일체	아등여중생
願以此功德	普及於一切	我等與衆生
당생극락국	동견무량수	개공성불도
當生極樂國	同見無量壽	皆共成佛道

원컨대, 이 공덕 지었거든 일체 중생에게
회향하오니 저와 모든 중생들 다음생에는
극락세계 태어나 다함께 아미타불 친견하옵고
다함께 성불하여지이다.

6) 지장기도문 봉독

큰 원력으로 으뜸되신 지장보살님이시여!

지옥고에 시달리는 중생들이 모두 구제될 때까지 자신의 성불(成佛)은 뒤로 미루겠다는 지장보살님의 거룩한 서원과 불보살님의 자비광명의 가르침 배웠사오니 그 일깨우심 깊게 가슴에 새기겠나이다.

그리고 저희들 삶 속에도 '지장보살 십선계(十善戒)'를 잘 지키며 바로 이땅에서 불보살님의 화현(化現)되어 꽃피울 것을 다짐하옵나이다.

오늘 저희들 서원 세우고 정근하며 쌓은 공덕이 조금이라도 있거든 일심으로 축원드리옵는 ○○○ 영가와 선망 조상님, 유주무주 일체영가의 극락왕생(極樂往生)과 일체 중생의 성불(成佛)을 위해 모두 다 회향(廻向)하옵나니, 제불보살님께옵선 부디 이런 저희 서원들 지켜보시옵고 가피(加被)를 드리우소서.

마하반야바라밀.
마하반야바라밀.
마하반야바라밀.

지장시왕도 | 고려불화

지장보살본원경 地藏菩薩本願經

제1장 · 도리천궁신통품 忉利天宮神通品

도리천궁에서 신통을
나타내는 품

이와 같이 나는 들었다.

한 때 부처님께서 도리천(忉利天)에 계시면서 어머니를 위하여 법문을 베푸시었다.

그 때 시방의 한량없는 세계의 수많은 부처님과 대보살마하살들이 모여 석가모니 부처님께서는 오탁악세(五濁惡世)에 불가사의한 대지혜와 신통력을 나투시어 능히 조복하기 어려운 중생들을 다스리고, 괴롭고 즐거운 법을 알게 하심을 찬탄하고, 각각 시자를 보내어 세존께 문안을 여쭈었다.

이 때 여래께서 웃음을 머금고 백천만억 밝게 빛나는 큰 광명의 구름을 놓으셨다.

이른바 그것은 대원만광명(大圓滿光明)을 나타내는 빛구름이며, 대자비광명(大慈悲光明)을 나타내는 빛구름이며, 대지혜광명(大智慧光明)을 나타내는 빛구름이며, 대반야광명(大般若光明)을 나타내는 빛구름이며, 대삼매광명(大三昧光明)을 나타내는 빛구름이며, 대길상광명(大吉祥光明)을 나타내는 빛구름이며, 대복덕광명(大福德光明)을 나타내는 빛구름이며, 대공덕광명(大功德光明)을 나타내는 빛구름이며, 대귀의광명(大歸依光明)을 나타내는 빛구름이며, 대찬탄광명(大讚歎光明)을 나타내는 빛구름이었다.

이와 같이 가히 말로 표현할 수 없는 광명의 구름을 놓으시고 또 여러가지 미묘한 음악소리를 내셨다.

그것은 이른바 보시바라밀음악(布施波羅密音樂)

이며, 지계바라밀음악(持戒波羅密音樂)이며, 인욕
바라밀음악(忍辱波羅密音樂)이며, 정진바라밀음악
(精進波羅密音樂)이며, 선정바라밀음악(禪定波羅密音
樂)이며, 반야바라밀음악(般若波羅密音樂)이며, 자
비음악(慈悲音樂)이며, 희사음악(喜捨音樂)이며, 해
탈음악(解脫音樂)이며, 무루음악(無漏音樂)이며, 지
혜음악(智慧音樂)이며, 대지혜음악(大智慧音樂)이
며, 사자후음악(獅子吼音樂)이며, 대사자후음악(大
獅子吼音樂)이며, 운뢰음악(雲雷音樂)이며, 대운뢰
음악(大雲雷音樂)이었다.

이와 같이 이루 말로 표현할 수 없는 음악소리
를 내어 마치시니 사바세계와 여러 국토에 있는
한량없는 하늘·용·귀신들도 모두 도리천궁에
모여 들었다.

그들은 이른바 사천왕천(四天王天), 도리천(忉利天),
수염마천(須焰摩天), 도솔타천(兜率他天), 화락천
(化樂天), 타화자재천(他化自在天), 범중천(梵衆天),

범보천(梵輔天), 대범천(大梵天), 소광천(少光天), 무량광천(無量光天), 광음천(光音天), 소정천(少淨天), 무량정천(無量淨天), 변정천(遍淨天), 복생천(福生天), 복애천(福愛天), 광과천(廣果天), 엄식천(嚴飾天), 무량엄식천(無量嚴飾天), 엄식과실천(嚴飾果實天), 무상천(無想天), 무번천(無煩天), 무열천(無熱天), 선견천(善見天), 선현천(善現天), 색구경천(色究竟天), 마혜수라천(摩醯修羅天), 비상비비상천(非想非非想天) 등 모든 천신의 무리였으며, 용의 무리, 귀신들의 무리였다.

또한 타방국토와 사바세계 바다의 신[海神]과 강의 신[江神]·냇물의 신[河神]과 나무의 신[樹神]·산의 신[山神]과 땅의 신[地神]·못의 신[川澤神]과 싹과 곡식의 신[描稼神]·낮의 신[晝神]과 밤의 신[夜神]·허공의 신[空神]과 하늘의 신[天神]·음식의 신[飲食神]과 풀과 나무의 신[草木神] 등과 같은 여러 신들도 모두 법회에 모였다.

그리고 타방국토와 사바세계의 여러 큰 귀왕(鬼王)이 있었으니 이른바 눈이 사나운 귀왕[惡目鬼王], 피를 먹는 귀왕[啗血鬼王], 정기를 먹는 귀왕[啗精氣鬼王], 태와 알을 먹는 귀왕[啗胎卵鬼王], 병을 퍼뜨리는 귀왕[行病鬼王], 독을 가진 귀왕[攝毒鬼王], 자비한 마음의 귀왕[慈心鬼王], 복과 이익을 주는 귀왕[福利鬼王], 크게 사랑하고 공경하는 귀왕[大愛敬鬼王] 등과 같은 여러 귀왕들도 모두 법회에 모였다.

그 때 석가모니 부처님께서 문수사리법왕자보살마하살(文殊舍利法王子菩薩摩訶薩)에게 말씀하셨다.

"그대는 이 모든 제불보살과 천룡귀신을 보는가? 그대는 이 세계와 저 세계, 이 국토와 저 국토에서 이곳 도리천에 모인 이들의 수를 알겠는가?"

문수사리가 부처님께 말씀드렸다.

"세존이시여, 설사 저의 신통력으로 천 겁을 두고

헤아린다고 하더라도 능히 알 수 없나이다."

부처님께서 문수사리에게 말씀하셨다.

"나의 불안(佛眼)으로 헤아려도 능히 그 숫자를 다 헤아리지 못할 것이니라. 왜냐하면 이들은 모두 지장보살(地藏菩薩)이 오랜 겁에 걸쳐서 제도하였고 지금도 제도하며 미래에도 제도할 대중이며, 이미 성취케 하였으며, 지금도 성취케 하고 미래에도 성취케 할 대중이기 때문이니라."

문수사리가 부처님께 말씀드렸다.

"세존이시여, 저는 과거에 오랫동안 선근(善根)을 닦아서 걸림이 없는 지혜를 얻었나이다. 그래서 부처님께서 말씀하신 바를 듣고 곧바로 믿고 받들 수 있었나이다.

그러나 소승성문과 천룡팔부(天龍八部)와 미래세의 모든 중생들은 비록 여래의 진실한 가르침을 듣고서도 반드시 의혹을 품게 될 것이오며, 설사 가르침을 받들어 지닌다고 할지라도 때로는 비방할 것이옵니다.

오직 원하옵건대, 부처님께서는 지장보살마하살이 수행할 때에 어떠한 행을 닦았으며, 어떠한 원력을 세웠기에 능히 이처럼 불가사한 일을 성취하였는지에 대하여 널리 설하여 주옵소서.”

부처님께서 문수사리에게 말씀하셨다.

“비유컨대, 저 삼천대천세계(三千大千世界)에 있는 풀과 나무, 수풀과 벼, 삼과 갈대, 산의 돌과 티끌을 낱낱이 세어서 그 수만큼의 간지스강을 만들고, 또 그 가운데 하나의 간지스강의 모래수만큼의 세계가 있다고 하자. 그리고 한 개의 모래알로 하나의 세계를 삼고, 하나의 세계에 있는 한 개의 티끌로 하나의 겁을 삼고, 하나의 겁안에 있는 티끌수를 모두 쌓아서 하나의 겁을 삼더라도 지장보살이 해탈의 지위(地位)를 증득한 이래 교화한 중생의 수는 오히려 앞에서 비유한 숫자보다 천 배나 더 많거늘 하물며 지장보살이

성문(聲聞:법문의 소리 듣고 깨닫는 수행자), 벽지불(僻支佛:홀로 연기법을 관하여 깨치는 수행자)로 있을 때의 일이야 더 들어 무엇하리오?

문수사리여, 이처럼 보살의 위신력과 서원은 불가사의하나니 만약 미래세의 어떤 선남자, 선여인이 이 보살의 명호를 듣고 찬탄하거나 우러러 예배하고 그 이름를 외우거나 공양하고 그 모습을 채색하여 그리고 쇠에 새기거나 흙으로 빚어 모시면, 이 사람은 마땅히 백 번 동안 삼십삼천에 태어날 것이며 영원히 악도(惡道)에 떨어지지 않을 것이니라.

문수사리여, 지장보살은 저 말할 수 없이 오랜 겁 이전에 큰 장자(長者)의 아들로 태어났었느니라.

당시 한 부처님이 계셨으니 그 부처님의 이름은 사자분신구족만행여래(獅子奮迅具足萬行如來:사자처럼 용맹스런 지혜로 만행을 갖추신 여래)이셨다.

그 때에 장자의 아들은 부처님의 상호가 천 가지 복으로 장엄되어 있음을 보고 곧 그 부처님께 여쭈었느니라.

'어떤 수행과 원력을 갖추어야만 이와같은 상호(相好)를 얻을 수 있나이까?'

그때에 사자분신구족만행여래는 장자의 아들에게 이렇게 말했느니라.

'이와 같은 몸을 증득하기 위해서는 오랫동안 고통받고 있는 중생들을 마땅히 그 고통에서 벗어나게 해 주어야 하느니라.'

문수사리여, 이 말씀을 들은 장자의 아들은 서원을 세우되 '나는 지금부터 미래세에 가히 헤아릴 수 없는 겁이 지나도록 죄업으로 고통받고 있는 육도중생(六道衆生)들을 위하여 모든 방편을 사용해 그들을 모두 해탈케 하고서야 비로소 나 자신도 불도를 이루리라'라고 하였느니라.

그 부처님 앞에서 이와같이 큰 서원을 세웠으니,

지장보살은 그로부터 지금까지 백천만억 나유타 (那由他)의 이루 말할 수 없는 겁 동안 항상 보살 행을 닦았느니라.

또한 헤아릴 수 없는 과거 아승지겁(阿僧祇劫)에 한 부처님이 계셨으니, 그 명호는 각화정자재왕 여래(覺華定自在王如來:깨달음의 빛과 선정이 자재한 부처님)였느니라.

부처님의 수명은 사백만억 아승지겁이었고 그 부처님의 법이 전해지던 상법(像法)의 시기에 한 바라문의 딸이 있었으니, 여러 생애 동안 닦은 복이 깊고 두터워서 대중의 존경과 사랑을 받았 으며 가고 머물며 앉고 누울 때 여러 하늘 신들 이 돕고 지켜주었느니라.

그러나 그녀의 어머니는 삿된 가르침을 믿어서 항상 불(佛)·법(法)·승(僧) 삼보를 가벼이 여겼 나니, 그래서 이 딸은 널리 방편을 베풀어서 어 머니에게 바른 지견을 내도록 하였으나, 믿음을

일으키지 못하고 오래지 않아 목숨을 마치게
되니 그 혼신은 무간지옥(無間地獄)에 떨어지고
말았느니라.

그 때 바라문의 딸은 모친이 생전에도 인과를
믿지 않았으므로 반드시 죄업에 따라 반드시 악
도(惡道)에 떨어졌을 것임을 알고 집을 팔아 널리
향과 꽃 등의 여러가지 공양구를 갖추어 부처님
을 모신 탑과 절에 나아가 지극한 공양을 올렸느
니라.

그녀는 각화정자재왕여래의 상호가 그 절에
모셔진 불상과 벽화 중에서도 위용이 단정하고
장엄스러운 것을 보고 홀로 우러러 보며 말했느
니라.

'부처님의 명호는 큰 깨달음을 이루신 분[大覺]
이시기에 온갖 법 살피는 지혜를 갖추셨으니 만약
세상에 계실 때 같으면 우리 어머니가 돌아가신
뒤 부처님께 와서 여쭈어 보았다면, 반드시 가신

곳을 알 수 있을 것이옵니다.'

바라문의 딸은 잠자코 부처님을 우러러보며 흐느껴 우는데, 그 때 문득 하늘에서 말소리가 들려왔느니라.

'울고 있는 바라문의 딸이여, 슬퍼하지 말라. 내가 이제 그대의 어머니가 간 곳을 일러주리라.'

바라문의 딸은 허공을 향하여 합장하고 '어떤 신묘한 덕으로 저의 근심을 살펴시옵니까? 저는 어머니가 돌아가신 이래로 어머니가 나신 곳을 밤낮으로 생각하고 있었으나 물어볼 데가 없었나이다'라고 말했느니라.

그 때 허공에서

'나는 그대가 바라보고 있는 과거의 각화정자 재왕여래이니라. 그대가 어머니를 생각하는 것이 다른 중생의 생각보다 배나 더하므로 와서 일러주느니라.'

바라문의 딸은 이 말씀을 듣고 감격하여 스스로 몸을 부딪쳐서 팔다리가 모두 성한 데 없이 상처를 입었으나 좌우에서 사람들이 부축하여 돌보아주므로 한참만에 정신을 차린 후 다시 공중을 향하여 말했느니라.

'바라옵건대, 부처님께서는 자비로써 저를 불쌍히 여기시어 저희 어머니가 나신 곳을 속히 일러주옵소서. 저는 오래지 않아 곧 죽을 듯 하나이다.'

그 때 각화정자재왕여래가 바라문의 딸에게 '그대는 공양을 마치고 일찍 집으로 돌아가서 단정히 앉아 나의 명호를 생각하면 곧 그대의 어머니가 난 곳을 알게 되리라.'

바라문의 딸은 부처님께 예배드리고 집으로 돌아와 어머니를 그리워하며 단정히 앉아 각화정자재왕여래의 명호를 외우고 하루 밤, 하루 낮을 지냈는데 문득 보니 자신이 어느 바닷가에 있음을 알게 되었느니라.

그 바다를 보니 물이 펄펄 끓고 있었으며, 온 몸이 쇠로 덮힌 여러 사나운 짐승들이 바다 위를 날아다니기도 하고 동서로 몰려다니고 있었느니라.

또한 백천만 명의 남자와 여자들이 그 물 속에서 허우적거리다가 사나운 짐승들에게 잡아먹히고 있는 것이 보였다. 또 야차(夜叉)들이 있었는데 그 생김새가 각각 달라서 손과 발이 많고 여러개의 눈을 가졌으며 입 밖으로 튀어나온 어금니는 날카롭기가 칼날 같았느니라.

이들은 뭇 죄인들을 몰아다가 사나운 짐승에게 대어주어 죽게 하고, 또 사람들을 거칠게 움켜잡아 머리와 발을 서로 엮어 괴롭히는 모습이 수천 가지나 되어 차마 눈뜨고 볼 수 없었느니라.

그러나 바라문의 딸은 부처님을 생각하는 힘으로 두려워함이 없었느니라.

그 곳에 무독(無毒)이라는 귀왕(鬼王)이 있었는데 그는 머리를 숙여 절을 하고 그녀를 맞으며

'보살이시여, 무슨 일로 이곳에 오셨습니까?'

바라문의 딸이 귀왕에게 물었나니

'이곳은 어떤 곳입니까?'

무독이 말했느니라.

'이곳은 대철위산(大鐵圍山) 서쪽의 첫번째 바다입니다.'

거룩한 여인이 다시 물었나니

'내가 듣건대 철위산 속에 지옥이 있다고 하는데 그것이 사실입니까?'

'실로 지옥이 이곳에 있습니다.'

'지금 제가 어떻게 지옥이 있는 곳에 와 있습니까?'

'부처님의 위신력이 아니라면 업력에 의한 것입니다. 이 두 가지 힘이 아니면 이곳에 올 수가 없습니다.'

거룩한 여인이 다시 물었나니

'이 물은 무슨 인연으로 끓어오르며 어찌해서 죄인과 사나운 짐승들이 이렇게 많습니까?'

무독이 대답하길,

'이들은 남염부제(南閻浮提)에서 여러가지 악업을 지은 중생들입니다. 죽은 지 49일이 지나도록 죽은 자를 위해서 공덕을 베풀고 고난에서 벗어나게 해 주는 이가 한 사람도 없고, 살아있을 때에도 착한 일을 한 적이 없어서 그 업에 따라서 지옥에 가야 합니다.

지옥에 가는 중생들은 먼저 자연히 이 바다를 건너가야 하는데 이 바다의 동쪽으로 십만 유순(由旬)을 지나면 한 바다가 있습니다. 그곳의 고통은 이곳의 배가 되며 그 바다의 동쪽에 또 바다가 있으니 그곳의 고통도 다시 이곳의 다섯배나 됩니다.

이 세 바다의 고통은 삼업(三業)으로 인해 받는

과보이므로 이곳을 일러 '업의 바다[業海]'라고
합니다.'

거룩한 여인이 무독귀왕에게 다시 묻길

'지옥은 어디에 있습니까?'

'이 세 바다 안이 모두 지옥입니다. 그 지옥의
종류는 백천 가지이지만 큰 지옥은 열 여덟 곳이
며 다음으로 오백 곳의 지옥이 있으며, 또 그 다
음의 지옥이 천백이나 되는데 그 고통은 한량없
습니다.'

'나의 어머니는 돌아가신 지 얼마되지 않았습
니다만, 그 분의 혼신이 어느 곳에 갔는지 알 수
없습니다.'

'보살의 어머니는 세상에 있을 때 어떤 행업을
지으셨습니까?'

'어머니는 바르지 못한 생각으로써 삼보를
비방하였고 또 설령 잠깐 믿었다고 하더라도 곧
마음이 변해 공경치 않았습니다. 그 분께서 돌아

가신 지 며칠이 안 되었으나 태어나신 곳을 알
수 없습니다.'

'보살의 어머니 성씨는 무엇입니까?'

'저의 부모는 두 분 모두 바라문(婆羅門)의 종족
으로서 아버지의 이름은 시라선견(尸羅善見)이며,
어머니의 이름은 열제리(悅帝利)입니다.'

무독귀왕은 합장하고 보살에게 말하길

'바라건대, 보살은 슬퍼하거나 염려하지 마시
고 집으로 돌아가소서. 열제리부인은 죄업에서
벗어나 천상에 난 지 이제 사흘이 되었습니다.
그리고 효순을 행하는 딸이 어머니를 위하여 각
화정자재왕여래의 탑과 절에 공양하고 복을 닦
은 공덕으로 보살의 어머니뿐만이 아니라 그날
이 무간지옥에 있던 죄인들도 모두 함께 천상에
태어나 즐거움을 누리고 있습니다.'

무독귀왕은 말을 마치고 합장하며 물러갔느
니라. 바라문의 딸은 꿈과 같아 집으로 돌아온

사실을 깨닫고 각화정자재왕여래의 탑상 앞에
나아가 큰 서원을 세웠느니라.

'원하옵건대, 저는 미래겁이 다하도록 죄업으
로 고통받는 중생들이 있으면 널리 방편을 베풀
어 해탈하도록 하겠나이다'라고 하였느니라."

부처님께서 문수사리에게 말씀하셨다.

"그때 무독귀왕은 지금의 재수보살(財首菩薩)
이며, 바라문의 딸은 바로 지장보살(地藏菩薩)이
니라."

제2장 · 분신집회품 分身集會品

분신들이 모이는 품

그 때 가히 생각할 수도 말할 수도 없으며 헤아릴 수 없을 정도로 한량없는 아승지 세계의 모든 지옥에 있던 지장보살의 분신(分身)들이 도리천궁으로 모여 들었다.

또한 여래의 위신력으로 각각의 방면에서 여러 가지 해탈을 얻어 생사의 수레바퀴에서 벗어난 수많은 자들도 모두 꽃과 향을 가지고 와서 부처님께 공양드렸다.

함께 모인 무리들은 모두 지장보살의 교화를 받아 아뇩다라삼먁삼보리에서 영원히 물러나지 않게 된 중생들이었다. 이들은 저 멀고 먼 과거세로부터 생사의 물결 속에서 표류하고 육도 (六道)의 고통을 받으면서 잠시도 쉬지 못하다가 지장보살의 광대한 자비와 깊은 서원으로 각각 깨달음을 얻었으며 도리천에 태어나게 되었다. 이들은 매우 기쁜 마음으로 부처님을 우러러 보며 잠시도 한눈을 팔지 않았다.

그 때 부처님께서는 금빛 팔을 펴서 가히 생각할 수도 말할 수도 헤아릴 수도 없는 수많은 아승지 세계에 있는 모든 화신 지장보살마하살의 이마 를 어루만지시며 말씀하셨다.

"내가 오탁악세의 마음이 거친 중생들을 교화 하고 그 마음을 다스려 그릇된 견해를 버리고 바른 길로 돌아오게 하였지만 열에 한 둘은 아직 도 악습에 젖어 있으므로 나는 몸을 천백억으로 나투어 널리 방편을 베푸나니 그 가운데 근기(根 機)가 수승한 자는 들으면 곧 믿어 지니며, 그 가 운데 선근을 지닌 자는 부지런히 권하여 성취케 하고, 미혹한 자가 있으면 오랫동안 교화하여 귀의하게 하지만 업장이 무거운 자는 우러러 공경심을 내지 않느니라.

이와 같이 중생들의 근기에 각각 차별이 있으므로 몸을 나투어 제도하되 때로는 남자 몸을 나투기도 하고, 때로는 여자몸을 나투기도 하고, 때로는 용의 몸을 나투기도 하고, 귀신으로 나투기도 하고, 산과 숲, 내·강, 연못·샘·우물로 나투기도 하여 여러 중생을 이익하게 하며 그들을 다 해탈케 하느니라.

어떤 때는 제석(帝釋)의 몸을 나투기도 하며 범천(梵天)의 몸을 나투기도 하며, 거사(居士)의 몸을 나투기도 하며, 국왕(國王)의 몸을 나투기도 하며, 재상(宰相)의 몸을 나투기도 하며, 관리(官吏)의 몸을 나투기도 하며, 비구(比丘)·비구니(比丘尼)·우바새(優婆塞)·우바이(優婆夷)의 몸을 나투기도 하며, 성문(聲聞)·나한(羅漢)·벽지불(僻支佛)·보살

(菩薩) 등의 몸을 나투어 교화하며 제도하나니, 단지 부처의 몸으로만 그 몸을 나타내는 것이 아니니라.

그대들이 보는 바와 같이 내가 여러 겁에 걸쳐서 이와 같이 수고로움을 마다하지 않고 죄업중생들을 제도하였으나 아직도 거친 마음을 가지고 있는 제도되지 않은 중생들도 있느니라.

만약 그 죄업에 의해 악도에 떨어져서 큰 고통을 받게 된 것을 보게 되거든 그대들은 마땅히 내가 이 도리천궁에서 은근히 부촉한 것을 생각하여, 사바세계에 미륵불이 나타나실 때까지 모든 중생을 다 해탈케 하여 모든 고통의 길에서 벗어나게 하고 부처님의 수기(授記)를 받도록 할지니라.”

그 때 여러 세계에서 몸을 나툰 지장보살의 화신들이 다시 한몸이 되어 슬퍼 울면서 부처님께 아뢰었다.

"저는 먼 과거세로부터 부처님께서 인도하심에 의해 불가사의한 위신력을 얻고 대지혜를 갖추게 되었나이다.

제가 저의 분신으로 하여금 백천만억 항하사 세계에 두루 다니게 하여 한 세계마다 백천만억의 중생들을 제도하여 삼보께 귀의하도록 하며, 나고 죽는 고통에서 영원히 벗어나게 하여 열반의 즐거움을 얻게 하겠나이다.

불법 가운데서 짓는 착한 일이라면 터럭 하나나, 물 한 방울, 모래알 또는 가는 머리털만큼 작은 것이라 하더라도 다 버리지 않고 제가 점차 제도하여 큰 이익을 얻게 하겠나이다.

바라옵나니, 부처님께서는 후세의 악업중생들을 걱정하지 마옵소서."

이와 같이 세 번을 거듭 부처님께 말씀드렸다.

그 때 부처님께서 지장보살을 찬탄하시며 말씀하셨다.

"참으로 훌륭하도다. 내가 그대를 도와서 기쁘게 하리라. 그대는 오랜 과거의 겁 동안에 세운 서원을 능히 성취하여 장차 중생을 널리 제도하고 마침내 깨달음을 증득하리라."

제3장 · 관중생업연품 觀衆生業緣品
중생의 업연을 살피는 품

그 때 부처님의 어머니 마야부인(摩耶夫人)이 공경하는 마음으로 합장하면서 지장보살에게 여쭈었다.

"거룩한 분이시여, 염부제의 중생들이 짓는 업의 차별과 받게 되는 과보는 어떠하옵나이까?"

지장보살이 대답했다.

"모든 국토에는 지옥이 있기도 하고 없기도 하며, 여자가 있기도 하고 여자가 없기도 합니다. 또 성문, 벽지불도 그와 같이 있기도 하고 없기도 하니 지옥의 죄업도 단지 하나뿐인 것은 아닙니다.

마야부인이 거듭 여쭈었다.

"사바세계에서 죄업의 과보로 나쁜 곳에 떨어져 괴로움을 받는 것을 듣고 싶나이다."

지장보살이 대답했다.

"성모(聖母)시여, 제가 대강 말씀드리겠습니다."

"원하옵나니, 거룩한 분이시여 말씀하소서."

지장보살이 마야부인에게 말했다.

"사바세계의 죄보(罪報)를 말씀드리면 이와 같습니다.

만일 어떤 중생이 부모에게 불효하고 혹은 살해까지 하였다면 무간지옥에 떨어져 천만 겁이 지나도록 벗어날 기약이 없게 되며, 어떤 중생이 부처님의 몸에 피를 내거나 삼보를 헐뜯고 비방하며 경전을 존중하지 않으면 이런 무리들도 역시 무간지옥에 떨어져 벗어날 기약이 없습니다.

만약 어떤 중생이 사찰의 재산에 손상을 입히거나, 비구·비구니를 더럽히거나, 혹은 절간에서 방자하게 음욕을 행하거나, 생명을 죽이고 해치면 이런 무리들 또한 무간지옥에 떨어져 벗어날 기약이 없습니다.

또 어떤 중생이 마음은 사문(沙門)이 아니면서 거짓으로 사문이 되어 삼보의 재산을 함부로 쓰고 신도들을 속이며 계율을 어기며 온갖 악행을 범한다면 이런 무리들도 무간지옥에 떨어져 벗어날 기약이 없습니다.

그리고 어떤 중생이 사찰의 재물을 도둑질하여 재물이나 곡식, 음식이나 의복을 갖는 무리들도 무간지옥에 떨어져 벗어날 기약이 없습니다.

지장보살이 또 말씀하셨다.

"성모이시여, 만일 어떤 중생이 이와 같은 죄를 지으면 마땅히 다섯가지 무간지옥(無間地獄)에 떨어져 잠깐만이라도 고통에서 벗어나길 원해도 그 뜻을 이룰 수가 없습니다."

마야부인이 다시 지장보살에게 여쭈었다.

"어떤 곳을 일러 무간지옥이라고 하옵니까?"

지장보살이 말했다.

"성모시여, 모든 지옥은 대철위산(大鐵圍山) 속에 있고 큰 지옥은 열여덟 곳이 있으며 그 다음으로는 오백 곳이 있으며, 다음으로 천백 곳이 있으되 그 이름은 각각 다릅니다.

무간지옥은 그 지옥의 성 주위가 팔만여 리이며 그 성은 전부 쇠로 되어 있습니다. 성 높이는 일만리이며, 성 위에는 불덩어리가 잠시도 쉬지 않고 이글거리고 있으며 그 지옥성 안으로는 여러 지옥이 서로 이어져 있는데 지옥들의 이름이 각각 다릅니다.

이곳에 한 지옥이 있어서 이름이 무간지옥이니 이 지옥의 둘레는 일만 팔천리요, 담 높이는 일천리이며 모두 쇠로 둘러쳐져 있고 위의 불이 위에서 아래로 쏟아져 내려오고 아랫 불은 아래서 위로 솟구쳐 올라가며, 쇠로 된 뱀과 쇠로 된 개가

불을 토하면서 담장 위를 동서로 내달립니다.

또, 지옥 가운데 한 평상이 있어, 넓이가 만리에 가득합니다. 한 사람이 죄를 받아도 그 몸이 평상에 가득참을 스스로 보게 되며, 천만 사람이 죄를 받아도 또한 각각 그 몸이 평상 위에 가득참을 스스로 보게 되니 여러가지 악업으로 인하여 받는 과보는 이와 같습니다.

또 모든 죄인이 갖가지 고통을 빠짐없이 받는데, 천백 야차와 사나운 귀신들이 있어서 어금니는 칼날 같고 눈은 번개빛 같으며, 손에는 구리쇠 손톱이 있어서 창자를 끄집어 내어 토막토막 자릅니다.

또 어떤 야차는 큰 쇠창으로 죄인의 몸을 찌르기도 하고 입과 코를 찌르기도 하며, 배와 등을 찔렀다가 공중에 내던져서 다시 받아서 평상 위에 올려놓기도 합니다.

또 쇠로 된 매는 죄인의 눈을 쪼며 쇠로 된 뱀은

죄인의 몸을 감아 조이고, 긴 못을 몸에다 박기도 하며, 혀를 뽑아서 쟁기삼아 땅을 갈며, 구리 쇳물을 입에 붓고 뜨거운 쇠로 몸을 감아서 하룻동안에 만 번 죽였다가 다시 만 번 살아나게 하니 업의 과보가 이와 같아서 억겁을 지나도 벗어날 기약이 없습니다.

또 이 세계가 무너질 때에는 다른 세계의 지옥으로 옮기고, 다른 세계가 무너지면 또 다시 다른 세계의 지옥으로 옮겼다가 이 세계가 또 이루어지면 다시 돌아오니 무간지옥의 죄보는 이와 같습니다.

또한 다섯가지 업(業)으로 느끼는 것이 있어 오무간지옥(五無間地獄)이라고 합니다.

첫째는 밤낮으로 죄를 받아 세월이 다하도록 끝나지 않으므로 무간이라고 이름합니다.

둘째는 한 사람의 죄인이라도 그 지옥이 가득 차고 많은 죄인이 있더라도 그 지옥이 가득참으로 무간이라고 이름합니다.

셋째는 죄 다스리는 기구로 쇠몽둥이 · 매 · 뱀 · 늑대 · 개 · 맷돌 · 톱 · 도끼 · 끓는 가마 · 쇠그물 · 쇠사슬 · 쇠나귀 · 쇠말 등이 있으며 생가죽으로 머리를 조르고, 뜨거운 쇳물을 몸에 부으며, 배고프면 뜨거운 쇠구슬을 삼키고, 목마르면 뜨거운 쇳물을 마시게 되어 해가 가고 한량없는 겁이 다하도록 쓰라린 고통이 끊임없으므로 무간이라고 합니다.

넷째는 남자와 여자, 태어난 곳, 늙은이와 젊은이, 귀한 이와 천한 이, 귀신 · 하늘을 가리지 않고 죄를 지으면 그 업에 따라서 과보를 받는 것이 모두 평등하므로 무간이라고 합니다.

다섯째는 만일 이 지옥에 한 번 떨어지면 처음 들어갈 때부터 백천 겁에 이르도록 하루 낮과 하룻 밤 동안에 만 번 죽고 만 번 살아서 잠시라도 멈춤이 없으며, 오직 악업이 다 소멸해야만

비로소 다른 곳에 태어나게 되어 이렇게 깊이
이어지므로 무간이라고 이름하는 것입니다.

무간지옥을 대강 말하자면 이와 같으나, 만일
자세히 말하자면 형벌의 기구와 모든 고통을 주는
벌에 대해서 한 겁 동안이라도 다 말씀드릴 수
없습니다.

마야부인은 이 말씀을 듣고 근심하면서 합장하
며 예배하고 물러갔다.

제4장 · 염부중생업감품 閻浮衆生業感品

염부제 중생이
업보를 받는 품

그 때 지장보살이 부처님께 말씀드렸다.

"부처님이시여, 제가 부처님의 위신력을 입어 백천만억의 세계에 두루 이 몸을 나투어 모든 업보중생을 구제하오나, 만일 부처님의 크나큰 자비의 힘이 아니었다면 곧 이와 같은 변화를 부리지 못할 것이옵니다. 제가 이제 부처님의 부촉하신 바를 또 받았으니 미륵부처님이 오실 때까지 육도중생을 모두 해탈케 하겠나이다. 부디 부처님께서는 염려하지 마시옵소서."

부처님께서 지장보살에게 말씀하셨다.

"일체중생이 해탈을 얻지 못하는 것은, 마음 [性識]이 한결같지 못하여 나쁜 습관으로 업을 짓기도 하고 착한 습관으로 업을 짓기도 함으로 착하기도 하고 혹은 악하기도 하여 그 경계에 따라서 태어나게 되느니라. 그와 같이 육도를 윤회하여 잠시도 쉼이 없느니라.

또한 티끌같이 수많은 겁이 지나도록 미혹하여 마치 그물 속에 갇힌 고기가 그물 안의 물이 흐르는 물인 줄 착각하며 그물에서 벗어났다가 스스로 다시 그물에 걸리는 것과 같느니라.

이와 같은 중생들을 근심하였는데 그대가 이미 과거의 수많은 겁 동안의 서원을 실천하여 죄업 중생들을 제도하겠다고 하니 내가 다시 무엇을 염려하리오"

부처님께서 이렇게 말하실 때 모임 가운데에 한 보살이 있어 이름은 정자재왕보살(定自在王菩薩:선정의 힘이 자재한 보살)이라 하였는데 부처님께 이렇게 말씀드렸다.

"부처님이시여, 지장보살은 여러 겁을 지나오면서 어떠한 서원을 세웠기에 이와 같이 부처님의 찬탄을 받사옵니까? 바라옵나니 부처님께서는 설하여 주옵소서."

그 때 부처님께서 정자재왕보살에게 말씀하셨다.

"자세히 듣고 잘 생각할지어다. 내가 그대를 위하여 분별하여 설하리라. 지나간 세상의 헤아릴 수 없는 무량아승지겁 이전에 한 부처님이 계셨으니 명호는 온갖 법 살피는 지혜를 원만히 성취하신 여래(如來), 응공(應供), 정변지(正遍智), 명행족(明行足), 선서(善逝), 세간해(世間解), 무상사(無上師), 조어장부(調御丈夫), 천인사(天人師), 불(佛)·세존(世尊)이셨으며, 수명은 육만 겁이었느니라. 이 부처님이 출가하기 전에는 작은 나라의 왕으로 이웃 나라 왕과 벗이 되어 함께 십선(十善:열가지 착한 일)을 행하여 널리 중생들을 이롭게 하였느니라.

그러나 그 이웃 나라 백성들이 여러 가지 악한 일을 행해서 두 왕은 널리 방편을 베풀 것을 의논하였느니라.

한 왕은 원을 세우되, '내가 어서 깨달음을 이루어 이러한 무리들을 남김없이 제도하리라' 하였고 또 한 왕은, '만일 죄 받을 중생이 있으면 먼저 제도하여 그들로 하여금 편안케 하고 깨달음을 이루지 못하면 끝까지 성불하지 않으리라' 하고 발원하였느니라.

부처님께서 정자재왕보살에게 계속 말씀하셨다.

"먼저 성불하기를 발원한 왕은 곧 온갖 법 살피는 지혜를 원만히 성취하신 여래[一切智成就如來]였으며, 죄업중생을 영원히 제도할 때까지 성불하기를 원하지 않았던 왕은 바로 지장보살이었느니라.

또 한량없는 과거의 아승지겁에 한 부처님이 세상에 나타나셨으니 그 부처님의 이름은 눈이 연꽃처럼 청정한 여래[淸淨蓮華目如來]이셨느니라. 그 부처님의 수명은 사십겁이요, 이 부처님의 상법 시대에 한 아라한이 있었는데 중생에게 복을 베풂으로써 제도하였느니라. 그리고 근기에 따라 차례로 교화하다가 이름이 광목(光目:빛나는 눈을 지닌 이)이라는 한 여인을 만났는데 그 여인이 음식을 대접하기에 아라한이 물었느니라.

'그대는 무엇을 원하는가?'

'저는 어머니가 돌아가신 날에 복(福)을 지어 구해드리려고 하지만 어머니가 어느 곳에 태어 났는지 알지 못하나이다.'

아라한이 불쌍히 여기고 선정에 들어 광목의 어머니가 간 곳을 살펴보니 지옥에 떨어져 모진 고통을 받고 있었느니라.

아라한은 광목에게 물었느니라.

'그대의 어머니는 세상에 있을 때 어떤 업을 지었는가? 지금 그대의 어머니는 지옥에 떨어져 고통을 받고 있느니라.'

'제 어머니는 평소 물고기와 자라 같은 것을 즐겨 먹었으며 그 중에서도 고기알 같은 것을 즐겨 먹었나이다. 때로는 구워먹고, 때로는 쪄서 마음껏 드셨으니 생명의 수를 헤아리면 천만의 몇배는 더 될 것이옵니다. 존자께서는 불쌍히 여기시어 제 어머니를 제도하여 주소서.'

아라한은 광목을 가엾게 여기고 다음과 같이 일러 주었느니라.

'그대는 지극한 정성으로 눈이 연꽃처럼 청정한 여래[淸淨蓮華目如來]를 생각하고 그 부처님의 형상을 그려서 모시면 산 사람이나 죽은 사람이나 모두 좋은 과보를 얻게 되리라.'

광목은 아라한의 말을 듣고 곧 아끼는 물건을 바쳐서 불상을 그려 모시고 공양을 올리며 더욱 공경하는 마음으로 우러러 예배하였더니 문득 새벽녘 꿈에 부처님을 뵙게 되었는데 금빛 찬란한 수미산과 같은 광명을 놓으시며 광목에게 이르셨느니라.

'너의 어머니가 오래지 않아 너의 집에 태어나리니 배고픔과 추위를 알 때쯤이면 곧 말을 할 것이니라.'

얼마 뒤 광목의 집에 있는 하녀가 자식을 낳으니 사흘이 못되어 말을 하며 머리를 숙여 슬피 울고 광목에게 말했나니라.

'나고 죽음의 업연으로 과보를 스스로 받나니 내가 곧 너의 어미였는데 오랫동안 어두운 곳에 있었다. 너와 이별한 뒤로 여러번 큰 지옥에 떨어졌다가 이제야 너의 복력을 입어 인간세상에 못난 사람으로 태어났으나 또 수명이 짧아 나이 열세 살이 되면 다시 악도에 떨어질 것이다. 네가 무슨 방법으로든 나를 고통에서 벗어

나도록 할 수 있겠느냐?'

광목은 이 말을 듣고 목메어 슬피 울면서 자기 어머니임을 의심치 않고 하녀의 자식에게 말했느니라.

'당신께서 저의 어머니시라면 스스로 지은 죄를 이미 아시지 않습니까? 어떤 업을 지으셨길래 악도에 떨어지셨습니까?'

종의 자식이 '살생과 삼보를 비방한 과보이니라. 만일 네가 복을 지어 나를 고난에서 구제해 주지 않았더라면 나는 이와 같은 죄업에서 도저히 벗어날 수 없었을 것이다'라고 대답하였느니라.

광목은 다시 물었나니,

'지옥에서 받던 죄의 과보는 어떠했습니까?'

'지옥에서 받던 죄의 과보는 차마 말로 표현할 수 없다. 백천 년을 두고 말하더라도 다 말할 수 없을 것이다.'

광목은 이 말을 듣고 눈물을 흘리며 허공을 향해 말했느니라.

'원하옵나니, 나의 어머니를 지옥에서 영원히 벗어나게 해주소서. 열세 살에 목숨을 마친 다음에도 다시는 무거운 죄보도 없고 악도에도 들어가지 않게 하옵소서.

시방에 계신 모든 부처님이시여, 자비로써 저를 불쌍히 여기시고 제가 어머니를 위하여 일으키는 큰 서원을 들어 주옵소서. 만일 어머니가 삼악도(三惡道)와 미천한 신분과 여인의 몸까지 버리고 영겁이 지나도록 죄의 과보에서 벗어나게 해주신다면, 제가 눈이 연꽃처럼 청정한 여래[淸淨蓮華目如來]의 모습 앞에서 서원을 세우겠나이다.

저는 이제부터 무수한 세계의 지옥과 삼악도에서 고통받고 있는 모든 중생들을 맹세코 제도하여 지옥 · 축생 · 아귀의 삼악도에서 영원히

벗어나게 하여, 이와 같은 무리들을 모두 다 성불하게 한 뒤에 제가 비로소 올바른 깨달음을 이루겠나이다.'

이와 같은 서원을 발하자 눈이 연꽃처럼 청정한 여래[清淨蓮華目如來]께서 감응하여 말씀하셨다.

'광목이여, 그대가 큰 자비로 어머니를 위하여 이렇게 큰 서원을 세웠구나. 내가 보건대 그대의 어머니는 열세 살이 되면 이 과보를 버리고 거룩한 몸으로 태어나서 백 세까지 살 것이니라. 그 후에는 근심이 없는 국토에 태어나서 헤아릴 수 없는 겁을 살다가 깨달음[佛果]을 이루고 항하사의 모래알 같은 수많은 인간과 천상의 중생들을 널리 제도하리라.'

부처님께서 정자재왕보살에게 다시 말씀하셨느니라.

"그 때 광목을 복으로써 인도한 아라한은 바로 무진의보살(無盡意菩薩)이며, 광목의 어머니는 곧

해탈보살(解脫菩薩)이며 딸이 되었던 광목은 곧 지
장보살이니라.

오랜 겁을 지나오는 동안 지장보살은 이토록
자비로써 불쌍히 여기고 항하사의 모래알과 같은
많은 서원을 세우며 중생들을 널리 제도하였
느니라.

오는 세상에 만일 남자나 여자로서 착한 일을
하지 않는 자, 악한 일을 하는 자, 인과를 믿지
않는 자, 사음·거짓말·이간질하고 악담하는 자,
대승법을 믿지 않는 자는 모두 악도에 떨어질
것이지만 만일 선지식을 만나 그의 가르침으로
손가락을 한 번 튕기는 사이라도 지장보살에게
귀의하면 이 모든 중생은 곧 삼악도에서 해탈할
수 있을 것이니라.

만약 지극한 마음으로 귀의하고 공경하며
예배 찬탄하거나 향이나 꽃 또는 의복과 가지가
지 진귀한 보배와 음식으로 이와 같이 받들어

섬기는 이는 미래의 백천만억 겁 가운데 항상 모든 하늘에 태어나서 수승하고 묘한 안락을 받을 것이니라.

그리고 만약 천상의 복이 다하여 인간으로 나더라도 백천겁 동안 항상 위신력 있는 이가 되어 능히 앞 세상에 살아 왔던 인과의 근본과 끝[宿命因果本末]을 기억할 것이니라.

정자재왕보살이여, 이와 같이 지장보살에게는 불가사의한 큰 위신력이 있어서 널리 중생을 이롭게 하나니 그대들 보살들은 마땅히 이 경을 쓰고 널리 펴서 전하도록 할지니라.”

정자재왕보살이 부처님께 사뢰었다.

“부처님이시여, 바라옵건대 염려하지 마옵소서. 저희 수많은 보살들이 반드시 부처님의 위신력을 받들어 널리 이 경을 설하여 염부제의 중생들을 돕도록 하겠나이다.”

정자재왕보살이 부처님께 이와 같이 아뢰고

합장예배하면서 물러갔다.

그 때 사천왕이 함께 자리에서 일어나 합장하고 공손히 부처님께 여쭈었다.

"부처님이시여, 지장보살은 과거 오랜 겁을 지나오면서 이와 같이 큰 서원을 발하였는데 어찌하여 지금까지 중생들을 모두 제도하지 못하고 다시 넓고 큰 서원을 발하옵니까? 바라옵건대, 저희들을 위하여 말씀해 주옵소서."

부처님께서 사천왕에게 말씀하셨다.

"참으로 장하다. 내가 이제 그대들과 미래와 현재의 천상과 모든 인간 중생들에게 널리 이롭게 하려고 지장보살이 사바세계 염부제의 나고 죽음의 길 가운데 들어가 고통받고 있는 일체 중생을 자비로 구제하고 해탈하게 하는 방편을 설하겠노라."

사천왕이 부처님께 말씀드렸다.

"부처님이시여, 바라옵건대 기꺼이 듣고자

하옵니다."

부처님께서 말씀하셨다.

"지장보살은 오랜 겁에서부터 지금에 이르기까지 많은 중생들을 제도하여 해탈하게 하였지만, 그 서원은 아직도 다하지 않았느니라.

자비스러운 마음으로써 이 세상의 고통받는 중생들을 불쌍히 여기며 한량없는 겁 동안 죄와 고통에 빠진 중생이 끊어지지 않음을 보는 까닭에 다시 또 큰 원을 발하게 되는 것이니라.

이와 같이 보살은 사바세계 염부제 안에서 백천만억 가지의 방편으로 중생들을 교화하고 있느니라.

사천왕이여, 지장보살이 만일 산 생명을 죽이는 이를 보면 태어나게 될 때마다 재앙이 있고 단명하게 되는 과보를 받는다고 일러주고, 만일 도둑질하는 이를 보면 가난하게 되어 고통받는 과보를 설해 줄 것이며, 만일 사음하는 사람을 보면 비둘기·오리·원앙새의 과보를 일러주고, 만일 거칠게 말하는 사람을 보면 권속과 서로 싸우게 되는 과보를 말해 주고 만일 사람을 비방하는 이를 보면 혀가 없고 입에 창병이 나게 되는 과보를 일러 주리라.

만일 화내는 사람을 보면 얼굴이 사납게 일그러지게 되는 과보를 말해주며, 만일 간탐하고 인색한 사람을 보면 구하는 것이 뜻대로 되지 않게 되는 과보를 일러주며, 만일 음식을 절제 없이 먹는 사람을 보면 배고프고 목마르고 목에 병이 나게 되는 과보를 일러주고, 만일 사냥하기를 좋아하는 사람을 보면 놀라거나 미쳐서 죽게 되는 과보를 일러주며, 만일 어버이에게 불효하는 이를 보면 천재지변으로 죽게 되는 과보를 일러주며, 만일 산과 숲에 불을 지르는 사람을 보면 실성해서 죽는 과보를 말해주고, 만일 어느 생에서나 부모에게 악독하게 하는 사람을 보면 다음 세상에

바뀌어 나서 매맞는 과보를 일러주며, 만일 그물로 동물의 새끼를 잡는 사람을 보면 혈육간에 서로 이별하는 과보를 일러주리라.

만일 불·법·승 삼보를 비방하는 사람을 보면 눈 멀고 귀 멀고 벙어리가 되게 되는 과보를 일러주고 만일 불법을 가벼이 여기고 불교를 업신여기는 사람을 보면 영원히 악도에 떨어지게 되는 과보를 일러주며, 만일 절의 재물을 마음대로 쓰는 사람을 보면 억겁 동안 지옥에서 윤회하게 되는 과보를 일러주며, 만일 청정한 행을 더럽히고 수행자를 속이는 이를 보면 영원히 축생으로 윤회하게 되는 과보를 일러주며, 만일 끓는 물·불·무기로 생명을 죽이는 이를 보면 윤회하면서 서로 끊임없이 앙갚음하게 되는 과보를 일러주며, 만일 계를 파하는 이를 보면 새나 짐승이 되어 굶주리게 되는 과보를 설해주리라.

재물을 바르게 쓰지 않고 낭비하는 사람을 보면

구하는 바가 생기지 않게 되는 과보를 일러주며,
만일 아만이 많은 이를 보면 미천한 종이 되는
과보를 일러주며, 만일 두 말로 이간질시켜서
싸움을 하게 만드는 자는 혀가 없거나 혀가 백이
나 되게 되는 과보를 일러주며, 만일 삿된 소견
으로 어리석은 사람을 보면 변방에 태어나게
되는 과보를 설해 주리라.

이와 같이 염부제의 중생들이 몸과 입과 뜻으로
짓는 악업의 결과로 받게 되는 백천가지 과보를
간략히 설하였느니라.

이와 같이 염부제 중생이 지은 악업의 과보
차이에 따라 지장보살은 백천 가지 방편으로
교화하지만, 중생들은 먼저 이와같은 죄의
업보를 받고 뒤에는 지옥에 떨어져 여러 겁이
지나도록 벗어날 기약이 없나니, 그러므로 그대
들은 사람과 나라를 보호하여 이 모든 죄업에
빠진 중생이 다른 중생을 미혹함에 빠지는

일이 없도록 할지니라."

사천왕은 이 말씀을 듣고 눈물을 흘리고 슬피 탄식하면서 합장하고 물러갔다.

제5장 · 지옥명호품 地獄名號品
지옥의 이름을
나타내는 품

그 때 보현보살이 지장보살에게 말했다.

"어진 분이시여, 바라옵나니 천신과 용·팔부신중(八部神衆)과 미래, 현재의 일체중생을 위해서 사바세계 죄업중생이 받는 지옥의 이름과 과보를 말씀하시어 미래세의 말법 중생들로 하여금 그 과보를 알게 하소서."

지장보살이 대답했다.

"어진 분이시여, 내가 이제 그대에게 부처님의 위신력과 대사(大士)의 힘을 받들어 지옥의 이름과 죄의 과보에 대해서 간략히 말하겠습니다.

　염부제 동쪽에 산이 있는데 이름은 철위산이며 그 산은 어둡고 깊어서 해와 달도 비추지 못합니다. 거기에 큰 지옥이 있는데 이름하여 극무간[極無間地獄]이라 하며, 또 지옥이 있는데 이름하여 대아비[大阿鼻地獄]라고 하며, 또 다른 지옥은 이름하여 사각[四角地獄]이라고 합니다.

　다시 지옥이 있는데 이름이 날으는 칼[飛刀地獄]이요, 다시 지옥이 있는데 이름이 불화살[火箭地獄]입니다.

　다시 지옥이 있는데 이름이 뽀족 산[夾山地獄]이요, 다시 지옥이 있는데 이름이 찌르는 창[通槍地獄]이요, 다시 지옥이 있는데 이름이 쇠수레[鐵車地獄]요, 다시 지옥이 있는데 이름이 쇠평상[鐵床地獄]이요, 다시 지옥이 있는데 이름이 쇠로 된 소[鐵牛地獄]요, 다시 지옥이 있는데 이름이 쇠로 된 옷[鐵衣地獄]이요, 다시 지옥이 있는데 이름이 천칼[千刀地獄]이요, 다시 지옥이 있는데 이름이 쇠로 된 나귀

[鐵驢地獄]요, 다시 지옥이 있는데 이름이 구리 바다[洋銅地獄]이요, 다시 지옥이 있는데 이름이 껴안는 기둥[抱株地獄]이요, 다시 지옥이 있는데 이름이 흐르는 불[流火地獄]입니다.

또한 다시 지옥이 있는데 이름이 혀를 갈아 엎음[耕舌地獄]이요, 다시 지옥이 있는데 이름이 목을 자름[剉首地獄]이요, 다시 지옥이 있는데 이름이 눈을 씹어 먹음[啗眼地獄]이요, 다시 지옥이 있는데 이름이 쇠구슬[鐵丸地獄]이요, 다시 지옥이 있는데 이름이 말로 다툼[諍論地獄]이요, 다시 지옥이 있는데 이름이 쇠저울[鐵銖地獄]이요, 다시 지옥이 있는데 이름이 성냄[多嗔地獄]이라 합니다.

인자시여, 철위산 안에는 이와 같은 지옥이 있어 그 수가 한량이 없습니다. 다시 소리 지르는[叫喚] 지옥과 혀를 빼는[拔舌]지옥과, 똥 오줌[糞尿]지옥과, 구리사슬[銅鎖]지옥과, 불 코끼리[火象]지옥과, 불 개[火狗]지옥과, 불 말[火馬]지옥과, 불 소[火牛]지옥과,

불 산[火山]지옥과, 불 돌[火石]지옥과, 불 평상[火床]지옥과, 불 들보[火梁]지옥과, 불 매[火鷹]지옥과, 쇠갈구리[鉅釰]지옥과, 껍질 벗기는[剝皮]지옥과, 피 마시는[飮血]지옥과, 손을 태우는[燒手]지옥과, 발을 태우는[燒脚]지옥과, 가시밭에 처 넣는[倒刺]지옥과, 불 집[火屋]지옥과, 쇠 집[鐵屋]지옥과, 불 이리[火狼]지옥 등이 있습니다.

이러한 여러 지옥 속에는 또 각각 작은 지옥들이 있는데 하나에서 둘, 셋, 넷 내지 백천 개까지 있으니 그 이름이 각각 다릅니다."

지장보살이 또 보현보살에게 말했다.

"어진 분이시여, 이 여러가지 지옥들은 모두 사바세계에서 악업을 지은 중생들의 업력으로 생겨난 것입니다.

업의 힘은 매우 커서 능히 수미산과 겨룰만하며 깊고 큰 바다와 같이 깨달음을 이루는데 장애가 됩니다.

그러므로 중생들은 아무리 작은 악이라도 죄가 되지 않는다고 가벼이 여기지 말아야 하고, 아무리 작은 악이라도 죽은 뒤에는 과보를 받아야 하며, 부모와 자식 사이라도 그 길이 각각 다르고 비록 서로 만날지라도 대신 받을 수 없습니다.

내가 이제 부처님의 위신력을 받들고 지옥에서 죄업의 과보를 받는 일을 말하리니 잘 들어보시기 바랍니다."

보현보살이 대답했다.

"내가 삼악도(三惡道)의 업보를 안 지는 비록 오래되었습니다만 지금 다시 이렇게 바라는 바는 후세 말법시대의 모든 악업중생들이 지장보살의 말씀을 듣고 불법으로 돌아오게 하려는 것입니다."

지장보살이 말했다.

"지옥의 업보는 이와 같습니다. 어떤 지옥은 혀를 뽑아서 소로 하여금 갈게 하고, 어떤 지옥은 죄인의 심장을 꺼내어 야차(夜叉)에게 먹이며, 어떤 지옥은 물을 펄펄 끓여 몸을 삶습니다.

어떤 지옥은 벌겋게 달군 구리쇠 기둥을 죄인들로 하여금 안게 하고, 어떤 지옥은 맹렬하게 타오르는 불더미를 죄인의 몸에 덮어 씌웁니다.

어떤 지옥은 언제나 차가운 얼음 뿐이며, 어떤 지옥은 한량없는 똥과 오줌 뿐이고, 어떤 지옥은 쇠뭉치가 날아서 죄인을 찌르고, 어떤 지옥은 몽둥이로 가슴과 배를 때리며, 어떤 지옥은 손발을 태웁니다.

어떤 지옥은 쇠뱀이 달려들어 몸을 칭칭 감아 조이며, 어떤 지옥은 몸이 쇠로 된 개가 달려들며, 어떤 지옥은 불에 달군 쇠로 된 나귀를 타게 합니다.

이와 같은 업보를 받는 지옥마다 백천 가지의 형구(刑具)가 있는데 모두 구리, 무쇠, 돌, 불로 되어 있으며, 이 네 가지 물건은 중생의 죄업에 따라 생긴 것입니다.

만약 지옥의 업보에 대하여 자세히 말한다면 각각의 지옥마다 다시 백천 가지의 고통이 있는데 하물며 다른 지옥의 고통들은 더 말할 바가 있겠습니까?

내가 이제 부처님의 위신력과 보현보살의 물음을 받들어 간략히 말했으나 만일 상세히 말하고자 한다면 겁이 다하더라도 다 할 수 없을 것입니다."

제6장 · 여래찬탄품 如來讚歎品
여래께서 찬탄하는 품

그 때 세존께서 온 몸에 대광명을 놓으사 항하사와 같은 모든 부처님의 세계를 두루 비추시고 큰 음성을 내시어 모든 부처님 세계의 모든 보살 마하살과 천신·인간과 용·귀신과 사람같지만 사람아닌 이들[人非人]에게 말씀하셨다.

"들으라, 내가 오늘 시방세계에서 불가사의한 큰 위신력과 자비의 힘으로써 온갖 업보의 고통을 받는 중생들을 제도하는 지장보살의 일을 드높이 찬탄하리라. 내가 멸도한 뒤에 그대들 모든 보살들과 천, 용, 귀신들은 널리 방편으로 이 경전을 지킬 것이며 일체중생으로 하여금 모든 고통을 여의고 열반의 기쁨을 얻게 하라."

이와 같이 말씀하시자 그 자리에 있던 보광보살(普光菩薩)이 합장하고 부처님께 아뢰었다.

"지금 부처님께서는 지장보살에게 불가사의한 대위신력이 있음을 찬탄하셨나이다. 오직 바라옵나니, 부처님께서는 미래세의 말법중생을 위하여 지장보살이 인간과 천상을 이익케하는 인과에 대해서 말씀하여 주시어 모든 하늘과 용, 팔부신중(八部神衆)과 미래세 중생으로 하여금 부처님의 말씀을 받아지니도록 하여 주시옵소서."

그 때 부처님께서 보광보살과 비구, 비구니, 우바새, 우바이에게 말씀하셨다.

"내가 마땅히 그대들을 위하여 지장보살이 인간과 천상을 이익케하는 복덕에 대하여 간략히 말하겠느니라."

보광보살이 부처님께 아뢰었다.

"부처님이시여, 기꺼이 듣고자 하나이다."

부처님께서 말씀하셨다.

"만일 미래세에 어떤 선남자 선여인이 지장보살의 명호를 듣고서 합장하는 이와 찬탄하는 이, 예배하는 이와 흠모하는 이는 삼십 겁 동안 지은 죄에서 벗어나리라.

보광보살이여, 만일 어떤 선남자 선여인이 지장보살의 모습을 그리거나 혹은 흙·돌·아교·금·은·동·철로써 이 보살상을 조성하여 모시고 한 번이라도 우러러 보거나 예배하는 이는 백 번이나 삼십삼천(三十三天)에 태어나고 영원히 악도에 떨어지지 않으리라.

만약 천상에서의 복이 다해 인간세상에 태어난다고 해도 오히려 대중들의 지도자가 되어서 큰 이익을 받으리라.

만일 어떤 여자가 여자의 몸을 싫어 한다면 정성을 다해 지장보살의 형상을 그리거나 흙과 돌에 칠을 하여 만들거나 금·은·구리·철 등으로 형상을 만들어 공양하되 날마다 물러서지 않고 항상 꽃·향·음식·의복·비단·깃발·돈·보배로써 공양하면 이 여인은 한번 받은 여자의 몸이 다하면 백천만 겁이 지나도록 다시는 여인이 있는 세계에 태어나지도 않을 것이니 어찌 다시 여자의 몸을 받으리오.

다만 자비 원력으로 중생을 제도하기 위해서 여자의 몸을 받는 경우를 제외하고는 지장보살께 공양한 힘과 공덕의 힘을 입은 까닭에 천만 겁이 지나도록 다시는 여자의 몸을 받지 않을 것이니라.

보광보살이여, 또 만일 어떤 여인이 몸이 추하고 질병이 많아 지장보살상 앞에서 지극한 마음으로 밥 먹을 정도의 시간이라도 우러러 지극히 예배하면, 이 사람은 천만 겁 동안 태어나는 몸이 원만하고 모든 질병이 없으리라.

이 여인이 만약 여자의 몸을 싫어하지 않는다면

곧 백천만억 겁 동안 항상 훌륭한 사람의 부인이 되고 재상이나 명문가의 딸이 되어 단정하게 태어나게 되고 모든 형상이 아름답게 갖추어 지리라.

지극한 마음으로 지장보살을 우러러 예배한 까닭에 이와같은 복덕을 얻나니라.

보광보살이여, 만일 선남자 선여인이 지장보살 상 앞에서 모든 풍류와 소리로 찬탄하며 꽃과 향으로써 공양하고 한 사람이나 여러 사람에게 권하더라도 이 사람은 현재세와 미래세에 항상 백천의 귀신들이 밤낮으로 보호해서 악한 일은 귀에 들리지 않게 하리니 하물며 어찌 횡액을 받겠는가.

보광보살이여, 미래세에 악한 사람과 악한 귀신이 있어서 선남자 선여인이 지장보살께 귀의하고 공경하며, 공양·찬탄·예배함을 보고 서 망녕되이 꾸짖어 헐뜯거나 공덕이 없다고

비방하면서 이를 드러내어 비웃거나 혹은 돌아
서서 비웃거나 다른 사람을 시켜 비웃게 하고
혹 한 사람이나 여러 사람에게 비난하여 한 생각
이라도 헐뜯고 비방한다면 이는 헤아릴 수 없는
많은 겁이 지나 천 부처님이 멸도한 뒤에라도
삼보를 비방한 죄로 아비지옥에 떨어져 가장
무거운 죄를 받게 되리라.

그리고는 이 겁이 지나서야 겨우 아귀의 보를
받고 천 겁이 지나서야 겨우 축생의 보를 받고
또 천 겁이 지난 후에야 비로소 사람의 몸을 얻게
될 것이니라. 비록 사람의 몸을 얻었다고 할지라도
가난하고 천하며 신체가 온전치 못하고 악업이
몸에 배어 있어서 오래지 않아 다시 악도에 떨어질
것이니라.

이처럼 보광보살이여, 다른 사람이 공양 올리는
것을 비방하고 헐뜯어도 오히려 이와같은 과보
를 받거늘 하물며 악한 마음을 내어서 희롱하고

훼방하는 것은 말할 나위가 있겠는가.

보광보살이여, 또 미래세에 그런 사람은 병들어 오래도록 누워서 살고자 하거나 혹은 죽고자 하여도 마음대로 되지 않으며 꿈에 악한 귀신과 집안 친척이 보이며 혹은 험한 길을 헤매기도 하며 가위 눌리고 귀신과 함께 놀며 날이 감에 따라 몸은 점점 마르고 야위어서 잘 때에도 헛소리하며 괴로워 하느니, 이것은 다 업의 길[業道]에서 죄의 경중을 결정하지 못하였으므로 죽기도 어렵고 병을 나을 수도 없게 됨이니 사람의 평범한 눈으로는 판단할 수 없느니라.

이런 때에는 다만 모든 부처님과 보살의 형상 앞에서 큰소리로 이 경을 한 번이라도 읽고 병든 사람이 아끼는 물건이나 의복·보배·장원이나 사택을 놓고 병자 앞에서 큰 소리로, '우리들이 아픈 사람을 위하여 경전과 불보살상 앞에 이 재물을 공양합니다. 그래서 이것으로 부처님과

보살의 모습을 조성하고 탑과 절을 짓고 등불을 켜 절에 보시합니다'라고 말하라.

이와 같이 두 번 세 번 큰소리로 외쳐 병자가 알아 듣도록 하여라.

만약 모든 알음알이가 흩어져서 숨이 떨어지게 된 사람이라도 하루 이틀 사흘에서 칠일까지 높은 소리로 이 일을 말해주고 높은 소리로 이 경전을 읽어주면 목숨이 마친 뒤에 다섯가지 무간지옥에 들어갈 사람이라도 길이 해탈하게 될 것이며, 다시 나는 곳마다 항상 지나간 일까지 알 것이니라. 그런데 하물며 착한 남자와 여인이 스스로 이 경을 쓰거나 사람을 시켜 쓰게 하거나 스스로 보살 모습을 만들고 그리거나 사람을 시켜 만들고 그리게 한다면, 받게 되는 과보가 얼마나 크겠는가. 그는 반드시 큰 이익을 그 과보로 얻을 것이니라.

그러므로 보광보살이여, 만약 어떤 사람이

이 경을 독송하거나 또는 한 생각이라도 이 경을 찬탄하며, 이 경전에 공경하는 이를 보거든 너는 반드시 백천 방편으로 이러한 사람들에게 권하여 부지런한 마음을 지녀 물러나지 말도록 하여라. 그러면 능히 미래와 현재에 이루 생각할 수 없고 말할 수 없는 백천만억의 공덕을 얻을 것이다.

보광보살이여, 만일 미래세에 모든 중생이 꿈이나 잠결에 귀신이 보이되 그들이 슬피 울며 근심하고 탄식하며 두려워하고 겁내는 것을 보게 되는 것은 모두 한 생이나 열 생·백 생·천 생의 과거 부모·형제자매·부부·권속들이 악도에서 벗어나지 못하여 복력으로 구해 줄 이가 아무도 없으므로 할 수 없이 숙세의 혈육에게 호소하여 벗어나게 되기를 간절히 원하는 것이니라.

보광보살이여, 그대는 위신력을 지니고 이들로 하여금 모든 부처님과 보살상 앞에서 지극한 마음으로 스스로 이 경을 읽거나 혹은 사람을 청하여 세 번, 일곱 번 읽게 하면 악도에 있는 권속들이 경 읽는 소리가 끝나는 대로 곧 깨달음을 얻어 꿈이나 잠결에서도 귀신이 다시 보이지 않게 되리라.

보광보살이여, 미래세에 태어난 미천한 사람이나 혹 부자유한 사람들이 숙세의 죄업임을 깨닫고 참회하고자 하거든, 지극한 마음으로 지장보살의 모습에 우러러 절하면서 칠 일 동안 보살의 명호를 외워서 만 번을 채우면 그 사람은 과보가 다한 뒤에 천만생 동안 항상 높고 귀한 집에 태어나며 다시는 삼악도의 고통을 받지 않게 되느니라.

보광보살이여, 만약 미래세에 염부제에 사는 왕족이나 바라문·장자·거사나 다른 종족에 새로 태어나는 사람으로 남자든, 여자든 칠일 이내에 이 불가사의한 경전을 읽어주고 또한 보살의 명호 부르기를 만 번 채우면 아기가 전생에 지은 업보가 다 풀리고 안락하게 잘 자라고 수명이 늘어날 것이며, 만약 복을 타고 난 아이라면 더욱 잘 자라게 될 것이니라.

보광보살이여, 중생에게는 매월 1일, 8일, 14일, 15일, 18일, 23일, 24일, 28일, 29일, 30일의 십재일(十齋日)에 모든 죄업을 모아서 그 무겁고 가벼움을 결정하는 날이니라.

남염부제의 중생들이 행동하고 말하고 생각하는 것 가운데 죄 아닌 것이 없거늘 하물며 방자한 마음으로 살생하고 도둑질하며, 사음하고 거짓말하는 갖가지 죄업에서는 어떻겠는가?

만약 십재일(十齋日)에 부처님과 보살과 모든 성현의 형상 앞에서 이 경을 한 번 읽으면 동서남북 백 유순 안에서는 모든 재앙이 없어질 것이며, 그가 사는 집안의 어른이나 아이들이 현재와 미래의 백천 세에 영원히 악도(惡道)에서 벗어날 것이며, 십재일마다 이 경을 한 번 읽으면 현세에 그 집안의 모든 횡액이나 질병이 없어지고 의복과 먹을 것이 풍족해지느니라.

그러므로 보광보살이여, 지장보살에게는 이와 같이 말할 수 없는 백천만억의 큰 위신력과 이익이 있음을 알아야 하느니라.

염부제의 중생이 지장보살과 큰 인연이 있으니 모든 중생이 이 보살의 명호를 듣고 보살의 형상을 보며 이 경의 세 글자, 다섯 글자 혹은 한 게송, 한 구절이라도 듣는 이는 현재에도 안락하며 미래세에도 항상 단정한 몸을 받고 존귀한 가문에 태어나게 되느니라.

그 때 보광보살이 부처님께서 지장보살을 찬탄하심을 듣고서 무릎을 꿇어 합장하고 다시 부처님께 여쭈었다.

"부처님이시여, 저는 이미 지장보살의 불가사의한 위신력과 거룩한 서원의 힘을 알았나이다.

그러나 미래세의 중생들을 이익케 하기 위해서 짐짓 부처님께 여쭈었나니 바라옵건대 자비로써 들어 주옵소서. 이 경의 이름을 무엇이라고 하며 저희들은 이 경을 어떻게 유포해야 하겠나이까?"

부처님께서 보광보살에게 이르셨다.

"이 경은 세가지 이름이 있으니 첫째 이름은 『지장본원경(地藏本願經:지장보살의 본원을 밝힌 경)』이요, 둘째 이름은 『지장본행경(地藏本行經:지장보살이 행한 중생제도의 일을 밝힌 경)』이며, 셋째 이름은 『지장본서력경(地藏本誓力經:지장보살의 서원의 힘을 밝힌 경)』이니 이런 이름을 갖게 된 것은 이 보살이 구원겁을 내려오면서 큰 원을 발해서 중생을 이익케 하기 때문이니라. 그러므로 너희들은 지장의 큰 원을 따라 유포하도록 하여라."

보광보살은 부처님의 말씀을 깊이 새겨 듣고 신심으로 받들어 합장예배하고 물러갔다.

제7장 · 이익존망품 利益存亡品
모든 생명들을 함께
이익되게 하는 품

그 때 지장보살이 부처님께 아뢰었다.

"부처님이시여, 제가 이 염부제의 중생들을 살펴보니 발을 내딛고 생각을 일으킴이 죄업 아님이 없나이다. 설사 훌륭한 이익을 만나더라도 대개 처음 낸 좋은 마음을 물리쳐버리고 나쁜 인연을 만나며 생각생각마다 나쁜 인연을 더해 가나이다.

이와 같은 사람은 마치 진흙땅에서 무거운 짐을 지고 걷는 것과 같아서 점점 지치고 무거워져 깊숙한 구렁으로 빠져드는 것과 같나이다.

다행히 선지식을 만나면 그 무거운 짐을 덜어주거나 대신 전부 져주기도 하옵니다. 이것은 선지식에게 큰 힘이 있기 때문에 그를 붙들어 도와주고 그의 발 힘을 굳세게 해주며 그러다가 평지에 이르게 되면 반드시 지나온 나쁜 길을 깨우쳐 주어 다시는 그런 길을 밟지 않도록 하여 주나이다.

부처님이시여, 악을 익힌 중생들은 하찮고 보잘 것 없는 일에서조차 한량없는 죄에 이르게 되옵니다.

이 모든 중생은 이와 같은 악한 버릇이 있으므로 목숨이 마칠 때에 남녀 권속이 마땅히 복을 베풀어서 앞 길을 도와주기도 하며, 깃발과 일산을 걸기도 하며, 등불을 밝히고 기도하기도 하며, 경전을 읽기도 하며, 불상과 모든 성상에 공양하기도 하며, 부처님과 보살·벽지불의 명호를 불러주되 한 이름이라도 임종하는 사람의 귀에 들어가게 하거나 본식(本識)에서 듣도록 하면 이 모든 중생이 지은 악업으로는 반드시 나쁜 곳에 떨어질 것이지만, 그 권속들이 임종하는 사람을 위해 성스러운 인연을 닦았으므로 이같은 모든 죄가 다 소멸될 것이옵니다.

만일 그 중생이 죽은 뒤 7 · 7일(49일)안에 여러 가지 좋은 공덕을 지어주면 그 중생은 능히 영원히 나쁜 곳을 벗어나게 할 것이며, 인간이나 천상에 태어나서 수승하고 묘한 즐거움과 복을 받을 것이며, 현생의 가족들도 한량없는 이익을 받을 것입니다.

그러므로 제가 이제 부처님과 천신과 용, 팔부 신중과 사람같지만 사람아닌 무리들에게 바라옵나니, 사바세계의 중생들에게 임종하는 날까지 살생하지 말고 삼가 악한 인연을 짓지 말며, 귀신이나 도깨비에게 제사지내거나 절하는 일을 하지 말도록 권하여 주시옵소서.

왜냐하면 살생을 하거나 귀신에게 제사지내는

것은 털끝만큼도 죽은 이에게는 이익됨이 없고, 다만 죄보 인연만을 맺어 죄를 더욱 깊고 무겁게 할 뿐이기 때문이옵니다.

만일 현세나 내세에 좋은 인연을 얻게 되어 인간이나 천상에 태어나게 되었더라도 임종할 때 그 권속들이 악한 인연을 짓게 되면 죽은 사람은 그 원인으로 좋은 곳에 태어나는 것이 늦어지게 될 것이옵니다. 하물며 임종한 사람이 생존시에 작은 선근조차도 없었다면 본래 지은 죄업에 따라 스스로 악도에 떨어질 것인데 어찌 가족들이 다시 악업을 지어 보태겠나이까?

비유컨대 어떤 사람이 먼 곳에서 왔는데 굶은 지 사흘이 되고 짊어진 짐은 백 근이 넘는데 우연히 이웃 사람을 만나서 다시 작은 짐을 더 얹게 되면 점점 피곤해져서 더욱 지쳐버리게 되는 것과 같나이다.

부처님이시여, 남염부제 중생은 오직 불법

안에서 한 터럭 · 한 물방울 · 한 모래알 · 한 티끌
만큼의 착한 일을 하더라도 이로 말미암은
이익을 모두 얻게 될 것이옵니다.”

이 말씀을 설할 때 모임 가운데 한 장자가 있었
는데 이름을 대변(大辯: 말재간이 뛰어난 이)이라
하였다. 이 장자는 오래 전부터 남이 없는 법[無生
法]을 증득하였지만 시방세계 중생을 교화하기
위해 장자의 몸을 나타내시었다. 이 장자는 합장
하고 공손히 지장보살에게 여쭈었다.

“지장보살이시여, 사바세계의 중생들이 목숨을
마친 뒤 그의 권속들이 그를 위해 공덕을 닦거나
재를 베풀어 여러가지 좋은 인연을 짓게 되면
임종한 사람은 어떤 큰 인연을 얻어 해탈을 성취
하게 되옵니까?”

지장보살이 대답했다.

“장자여, 내가 이제 현재와 미래의 일체중생들
을 위하여 부처님의 위신력을 받들어 그것을

간략히 말하리라.

장자여, 현재 미래의 모든 중생들이 임종할 때, 한 부처님의 명호나 한 보살의 명호, 한 벽지불의 명호를 듣게 되면 죄의 유무를 떠나서 모두 해탈하게 되느니라.

만일 어떤 남자나 여인이 살아서 착한 인연을 닦지 않고 여러가지 악업만을 지었다고 하더라도 목숨을 마친 뒤에 멀고 가까운 권속들이 그를 위하여 거룩한 일을 닦아주어 복되게 하면 그 가운데 칠분의 일은 죽은 사람이 얻고 나머지는 살아있는 사람들 스스로에게 돌아가느니라.

그러므로 현재와 미래세의 바르게 살아가려는 선남자 선여인이 이 말씀을 듣고 스스로 공덕을 닦으면 온전한 복덕을 얻게 되니라.

장자여, 대개 무상한 죽음의 귀신이 기약없이 닥쳐오면 어둠 속을 헤매는 혼신이 자신의 죄와 복을 알지 못하고 사십구일 동안을 바보나 귀머

거리처럼 방황하다가 중생의 죄업을 심판하는 곳에서 그의 업과(業果)를 변론하고 결정한 뒤에야 비로소 그의 업대로 다시 태어나게 되느니라. 스스로의 앞길을 예측할 수 없는 그 사이에도 근심과 고통이 천만 가지가 되는 것인데 하물며 저 악도에 떨어졌을 때는 어떻겠는가?

그러므로 생명을 마친 사람이 새 생명을 받지 못하는 49일 동안에는 모든 권속들이 명복을 빌어 고통에서 구원해 주기를 바라다가, 49일이 지나면 업을 따라 보를 받게 되리라.

그가 만약 죄많은 중생이라면 천백 세가 지나더라도 해탈할 날이 없을 것이며, 만약 그가 큰 죄로 다섯가지 무간 지옥에 떨어지게 되며 천만 겁토록 영원히 고통이 끊일새가 없게 되리라.

장자여, 이와 같은 죄업중생들이 생명을 마친 뒤 혈육과 권속들이 죽은 사람을 위하여 재를 베풀어서 갈 길을 도와 줄 때, 그 재식(齋食)을 마치기

전이나 재를 지내고 있을 때에 쌀뜨물과 채소찌꺼기 등을 땅에 버리지 말아야 하며 모든 음식을 부처님과 수행자들에게 올리기 전에 먼저 먹어서는 아니되느니라.

만약 이를 어겨 먼저 먹거나 정근하지 아니하면 죽은 이가 복의 힘을 얻지 못하게 되리라.

만약 능히 정성스럽고 깨끗하게 부처님과 수행자들께 받들어 올리면 죽은 이가 그 공덕의 칠분의 일을 얻게 되리라.

장자여, 그러므로 염부제의 중생이 만일 그 부모와 가족들을 위해서 지극하고 간절한 마음으로 재를 베풀어 공양하면 산 사람과 죽은 사람이 모두 함께 큰 이익을 얻게 되리라."

지장보살이 이와 같이 설할 때 도리천궁에 있던 천만억 나유타의 염부제 귀신들이 모두 한량없는 보리심을 발하였으며, 대변장자는 기쁜 마음으로 가르침을 받들며 예배하고 물러갔다.

제8장 · 염라왕중찬탄품 閻羅王衆讚歎品

염라왕의 대중들을
찬탄하는 품

그 때 철위산 속에 있던 셀 수 없이 많은 귀왕 (鬼王)들이 염라천자(閻羅天子)와 함께 부처님이 계시는 도리천에 이르렀다.

그들은 악독한 귀왕[惡毒鬼王], 악이 많은 귀왕[多惡鬼王], 크게 싸우는 귀왕[大爭鬼王], 흰 호랑이 귀왕 [白虎鬼王], 피호랑이 귀왕[血虎鬼王], 붉은 호랑이 귀왕 [赤虎鬼王], 재앙을 퍼뜨리는 귀왕[散殃鬼王], 몸을 날리는 귀왕[飛身鬼王], 번개불 귀왕[電光鬼王], 이리 어금니를 가진 귀왕[狼牙鬼王], 천 눈의 귀왕[千眼鬼王], 짐승을 먹는 귀왕[啖獸鬼王], 돌을 짊어진 귀왕

[負石鬼王], 농사를 관장하는 귀왕[主耗鬼王], 재앙을 관장하는 귀왕[主禍鬼王], 복을 관장하는 귀왕[主福鬼王], 음식을 관장하는 귀왕[主食鬼王], 재물을 관장하는 귀왕[主財鬼王], 가축을 관장하는 귀왕[主蓄鬼王], 새를 관장하는 귀왕[主禽鬼王], 짐승을 관장하는 귀왕[主獸鬼王], 도깨비를 관장하는 귀왕[主魅鬼王], 출산을 관장하는 귀왕[主産鬼王], 목숨을 관장하는 귀왕[主命鬼王], 질병을 관장하는 귀왕[主疾鬼王], 험한 길을 관장하는 귀왕[主險鬼王], 세 눈의 귀왕[三目鬼王], 네 눈의 귀왕[四目鬼王], 다섯 눈의 귀왕[五目鬼王], 기리실왕, 대기리실왕, 기리차왕, 대기리차왕, 아나타왕, 대아나타왕들이었다.

이들은 모두 백천이나 되는 여러 소귀왕(小鬼王)들을 데리고 모두 염부제에서 각기 맡은 일이 있었고 머무는 곳이 따로 있었다.

이 모든 귀왕들은 염라천자와 더불어 부처님의 위신력과 지장보살마하살의 거룩한 힘을 받들어 함께 도리천에 올라와 한 쪽에 공손히 서 있었다.

그 때 염라천자가 꿇어 앉아 합장하고 부처님께 여쭈었다.

"부처님이시여, 저희들이 이제 모든 귀왕과 더불어 부처님의 위신력과 지장보살의 위신력을 받들어 이 도리천궁의 대법회에 오게 된 것은 좋은 이익을 얻기 위함이옵니다. 저희가 이제 조금 의심되는 일이 있어서 감히 부처님께 여쭈오니 자비로써 저희들을 위해 말씀해 주옵소서."

부처님께서 염라천자에게 말씀하셨다.

"그대는 궁금한 바를 모두 물으라. 내가 그대들을 위하여 말해 주리라."

이 때 염라천자가 부처님께 우러러 예배드리고 지장보살을 돌아보고 부처님께 말씀드렸다.

"부처님이시여, 제가 지장보살을 살펴보니 육도(六道) 가운데에 계시면서 백천 가지 방편으로 고통받는 중생들을 구하시면서 힘듦도 괴로움도 마다하지 않으시옵니다. 이 대보살에게는 이와 같은 불가사의한 신통이 있으나 중생들은 죄보에서 벗어났다가는 오래지 않아 다시 악도에 떨어지나이다.

부처님이시여, 이 지장보살에게는 그와 같은 불가사의한 신통력이 있는데도 어찌하여 중생들은 거룩한 가르침에 의지하여 영원한 해탈을 얻지 못합니까? 바라옵건대 부처님이시여, 저희들을 위하여 말씀하여 주옵소서."

부처님께서 말씀하셨다.

"남염부제의 중생들은 마음이 거칠고 어리석어서 교화하기 어렵지만 지장보살은 백천 겁이 지나도록 이와 같은 중생들을 빠짐없이 구제하여 해탈의 길로 이끌고 있느니라.

방편의 힘으로 그들을 근본 업연에서 구출하여 지난 세상의 일을 깨닫도록 해주건만, 이 염부제 중생은 스스로 잘못된 버릇을 버리지 못하고 악도에서 나왔다가는 다시 들어가 이 보살을 수고롭게 하고서 오랜 겁수를 지낸 다음에야 해탈을 얻게 되느니라.

비유컨대, 어떤 사람이 본래의 집을 잃고 방황하다가 험한 길로 잘못 들어섰는데 그 길에서 여러 야차와 호랑이, 늑대와 사자, 구렁이와 뱀들과 마주치게 되었느니라.

길 잃은 사람이 험한 길에 들어서자마자 그는 저 여러 독한 것들을 만나게 되는데 그 때에 한 선지식이 큰 술법을 알아 야차 등의 악독함을 막아내 주며 어리석은 사람이 험한 길에 나아가려는 것을 보고 큰 소리로 외쳤나니

'이 어리석은 사람아, 어쩌자고 이런 길로 들어서게 되었는가? 모든 독기를 막아낼 수 있는 무슨 기이한 술법이라도 있는가?'

길 잃은 사람은 이 말을 듣고서야 비로소 험한

길에 들어선 줄 깨닫고 곧 물러서며 그 길에서
벗어나고자 했느니라. 그 때 선지식이 나그네의
손을 잡고 이끌어 험한 길에서 벗어나 넓고 평탄
한 길로 인도하여 안전하게 해주고 말했느니라.

'답답한 사람아, 지금부터는 다시 저 길에 들지
말아야 하느니 저 길에 드는 이는 벗어나기 어려
우며 더우기 목숨까지 잃게 되리라.'

길 잃은 사람은 이 말을 듣고 감동을 받았으며
헤어지려 할 때 선지식은 다시 말했느니라.

'만약 그대의 친지나 길 가는 사람들, 남자나
여자를 막론하고 저 험한 길로 가는 이들을 보거
든 거기에는 여러가지 사나운 것들이 많아서
생명을 잃게 된다고 말해주어 그들로 하여금
스스로 죽음의 악도에 들어가지 않도록 하여야
한다.'

이처럼 지장보살은 큰 자비심으로 죄업을 짓고
고통받는 중생들을 구원해서 천상이나 사람의

몸으로 태어나게 하고 안락을 누리게 해주며 이 모든 죄와 괴로움 받는 중생들이 악업의 길에서 겪는 고통을 알고 그 길에서 벗어나 다시는 그 길을 밟지 않도록 하느니라.

이것은 마치 길 잃은 사람이 험한 길에 들어섰다가 선지식을 만나 이끌려 나오게 되고 다시는 험한 길에 들어가지 않는 것과 같고, 또 다른 사람들을 만나도 악도에 들어가지 않도록 권유하여 모두가 자연히 해탈케 하고 다시는 들어가지 않게 하는 것과 같느니라.

만일 그 길을 다시 밟는다면 아직도 헤매임 가운데 있는 것이고 옛적에 빠져들었던 험한 길인 줄 깨닫지 못하고 목숨을 잃게 되리라. 마치 악도에 빠진 중생을 지장보살의 방편의 힘으로 해탈케 하여 인간이나 천상에 태어나게 하여도 금방 다시 악도에 들어가는 것과 같나니 만일 그와같이 죄업이 무거우면 영원히 지옥에서 벗어나지 못하리라.”

그 때 악독귀왕이 합장하고 부처님께 여쭈었다.

“부처님이시여, 저희들 귀왕들은 그 수가 한량없나이다. 염부제에서는 사람들에게 이익을 주기도 하고 혹 사람들에게 두려움을 주기도 하는데 이것은 저희들의 업보로 그러한 것이옵니다. 저희 권속들로 하여금 세계를 돌아다니게 해보면 악한 일은 많고 맑고 선한 일은 적사옵니다.

그러나 사람의 집이나 성읍 · 촌락 · 장원을 지나다가 어떤 남자나 여자가 털끝만큼이라도 착한 일을 하는 것을 보게 될 때, 즉 불법을 찬탄하는 깃발이나 일산을 달거나 약간의 향과 꽃을 부처님과 보살상 앞에 공양하든지 혹은 고귀한 경전을 한 구절, 한 게송이라도 읽으며 향을 사루어 공양하는 것만 보아도 저희 귀왕은 이 사람들에게 공경히 예배하기를 과거 · 현재 · 미래의 부처님을 섬기듯 하나이다.

또한 큰 힘이 있는 귀신이나, 토지를 맡은 작은 귀신들로 하여금 이들을 보호하도록 해서 나쁜 횡액과 모진 병, 바라지 않는 일들이 그 집에 얼씬도 못하게 하겠거늘 하물며 그 집안으로 들어가게 하겠나이까?"

부처님께서 귀왕을 칭찬하시면서 말씀하셨다.

"참으로 훌륭하도다, 그대들이 염라천자와 더불어 그토록 선남자 선여인을 옹호하므로, 여래도 범왕과 제석천에 일러서 그대들을 보호할 것이니라."

이와 같이 말씀하셨을 때 그 자리에 있던 주명 (主命)이라는 귀왕이 부처님께 여쭈었다.

"부처님이시여, 저는 본래 지은 업연 때문에 염부제 중생들의 수명을 맡아서 날 때와 죽을 때를 주관하고 있나이다. 저의 본래의 원은 많은 중생들에게 큰 이익을 주려고 노력하는 것입니다만 중생들은 제 뜻을 알지 못하고 태어나서 죽을 때까지 모두 편안함을 얻지 못하나이다.

이 염부제의 중생들이 처음 태어날 때 남자와 여자를 가리지 않고 오직 착한 일을 하여 집안을 더욱 이롭게 하면 자연히 토지신은 한량없이 기뻐하면서 자식과 어머니를 옹호하여 큰 안락을 얻도록 하고 가족들도 이롭게 할 것이옵니다.

그리고 자식을 낳은 뒤에는 가능하면 살생을 삼가야 하는데도 여러가지 비린 것을 산모에게 먹이며, 또한 권속들이 모여 술과 고기를 먹고 노래하며 풍악을 즐긴다면 그것은 어머니와 자식을 편안하게 해주는 것이 아닐 것이옵니다.

그리고 아기를 낳을 때는 무수히 많은 악한 귀신과 도깨비들이 비린내나는 피를 먹고자 하므로 제가 미리 가택신(家宅神)이나 토지신들에게 명하여 산모와 아이를 편안하게 보호해 주나이다.

그 사람들이 편안한 것을 본 뒤에는 마땅히 복을

베풀어 토지신의 은혜를 보답해야 하거늘, 권속
들은 오히려 살생을 하여 잔치를 벌이니 이로써
죄업을 짓고 과보를 받아 어머니와 자식이 편안
하지 못하게 되나이다.

또 염부제에서 임종하는 사람에게는 선악을 묻
지 않고 악도에 빠지지 않도록 하고 있는데 하물
며 죽은 사람이 스스로 선근을 닦는다면 저의 힘
을 더하여 주는 것이 되니 어찌 다행이 아니겠나
이까. 그러나 이 염부제에서 선을 행한 사람도
임종할 때에는 역시 백천이나 되는 악독한 귀신
들이 부모나 모든 권속으로 변화하여 나타나 죽
은 사람을 이끌어 악의 길에 빠지게 하는데 하물
며 본래부터 악을 지은 사람은 어떠하겠나이까.

세존이시여, 이러한 염부제의 남자나 여인은
임종할 때에 정신이 아득해져서 선악을 분간
하지 못하고, 눈과 귀로는 전혀 보고 듣지 못하
나이다. 그러므로, 그의 모든 권속들은 마땅히

큰 공양을 베풀고 경전을 읽으며, 불보살의 명호를 생각하여야 하나이다.

이러한 좋은 인연이 능히 죽은 이로 하여금 모든 악도를 여의게 하고 모든 마군과 귀신들을 흩어지게 하옵니다.

부처님이시여, 일체중생이 죽을 때 만일 한 부처님이나 한 보살의 명호, 혹은 대승경전의 한 구절, 한 게송만이라도 들어도 저는 이런 사람들을 살펴서 지옥에 떨어질 살생죄와 같은 다섯가지 무간지옥에 떨어질 큰 죄만 제하고는 작은 악업으로 악도에 떨어질 자는 모두가 해탈을 얻을 수 있도록 인도하겠나이다."

부처님께서 주명귀왕에게 말씀하셨다.

"그대는 크고 거룩한 자비심으로 그와 같은 서원을 세워 나고 죽는 세계 속에서 모든 중생들을 보살피는구나. 만일 미래세에 어떤 남자나 여자가 나고 죽을 때가 되거든 그대는 그 서원을

저버리지 말고 모두 해탈의 길로 이끌어 영원한
안락을 얻게 하여라."

주명귀왕이 부처님께 말씀드렸다.

"바라옵건대 부처님이시여, 염려하지 마시옵소서.
제가 이 몸이 다하도록 염부제 중생들을 옹호하여
중생들이 태어날 때와 죽을 때 모두 안락함을
얻도록 하겠나이다.

다만 모든 중생이 나고 죽을 때에 저의 말을
믿고 받아들여 모두 해탈하여 큰 이익을 얻을
것만을 바라겠나이다.

그 때 부처님께서 지장보살에게 말씀하셨다.

"목숨을 맡은 이 귀왕은 이미 백천 생을 지내면
서 큰 귀왕이 되어 나고 죽는 곳에서 중생들을
옹호하고 있지만, 이는 보살이 자비원력으로
큰 귀왕의 모습을 나타낸 것일 뿐 실은 귀왕이
아니니라.

앞으로 일백칠십 겁을 지나서 이 대귀왕은

성불할 것이니, 이름을 '무상여래(無常如來)'라 하고 겁(劫)의 이름은 '편안하고 즐거움[安樂]'이며, 세계의 이름은 '깨끗하게 머뭄[淨住]'이고, 그 부처님의 수명은 헤아릴 수 없는 겁이 될 것이니라.

지장보살이여, 이 대귀왕의 하는 일이 이렇게 불가사의하고 그가 제도한 하늘 대중과 인간 세상의 사람들도 가히 헤아릴 수가 없느니라."

제9장 · 칭불명호품 稱佛名號品

부처님의 명호를 부르는 품

그 때 지장보살마하살이 부처님께 아뢰었다.

"부처님이시여, 제가 지금 미래 중생들을 위하여 이익되는 일을 말하고, 나고 죽는 고통의 바다 가운데서 큰 이익을 얻게 하고자 하오니 원컨대 세존께서는 제가 말하는 것을 들어주소서.

부처님께서 말씀하셨다.

"그대가 지금 자비심을 일으켜 죄와 고통에 빠진 육도의 모든 중생들을 구해내려고 불가사의한 일을 말하고자 하는구나. 지금이 바로 그 때이니 마땅히 말하여라. 나는 곧 열반하리니 그대의 서원이 모두 이루어지면 나 또한 현재와 미래의 모든 중생들에 대한 근심이 없어지리라."

지장보살이 말했다.

"부처님이시여, 지난 과거 한량없는 아승지겁 이전에 한 부처님이 세상에 출현하셨으니 이름을 무변신여래(無邊身如來)라고 하였나이다.

만약 어떤 남자나 여인이 이 부처님의 명호를 듣고 잠깐만이라도 공경하는 마음을 내면 40겁 동안 나고 죽으면서 지은 무거운 죄업을 벗어나게 될 것이온데, 하물며 부처님의 형상을 조성하고 그림을 그려서 모시고 공양하며 찬탄하는 이는 어떻겠습니까?

그 사람의 복은 한량없고 끝이 없을 것이옵니다.

또한 한량없는 오랜 과거세에 한 부처님이 세상에 나타나셨으니 그 명호를 보승여래(寶勝如來)라고 하나이다. 만일 어떤 남자나 여인이 그 부처님의 명호를 듣고 손가락 한 번 튕기는 순간이라도 부처님께 발심하여 귀의하면 이 사람은 한량없는 진리의 길에서 물러남이 없게 될 것이옵니다.

또 과거의 어느 세상에 한 부처님이 세상에 나타나셨으니 그 이름을 파두마승여래(波頭摩勝如來)라고 하였습니다. 만일 어떤 남자나 여자의 귓가에 이 부처님의 이름이 스치기만 해도 이 사람은 천 번을 육욕천(六欲天)에 태어나게 되거늘, 하물며 지극한 마음으로 이 부처님의 명호를 부르고 생각함은 어떻겠나이까?

또한 과거 무량아승지겁 전에 한 부처님이 세상에 나타나셨으니 그 명호는 사자후여래(獅子吼如來)라고 하셨나이다. 만일 어떤 남자나 여인이 이 부처님의 명호를 듣고 일념으로 귀의하면 이 사람은 한량없는 여러 부처님이 이마를 만져 수기하심[摩頂授記]을 얻게 되오리다.

또한 과거세에 한 부처님께서 세상에 출현하셨으니 그 명호를 구류손불(拘留孫佛)이라고 하였나이다. 만일 어떤 남자나 여인이 그 부처님의 명호를 듣고 지극한 마음으로 우러러 예배하고 찬탄한다면 이 사람은 현겁(賢劫: 현재의 겁)의 천 부처님 회상에서 대범천왕이 되어 으뜸가는 수기를 받을 것이옵니다. 또한 과거세에 한 부처님이 세상에 나타나셨으니 그 이름을 비바시불 여래(毗婆尸佛如來)라고 하였나이다. 만일 어떤 남자나 여자가 이 부처님의 명호를 듣기만 하면 영원히 악도에 떨어지지 않고 항상 인간이나 천상에 태어나서 아주 뛰어나고 신묘한 즐거움을 받을 것이옵니다.

또한 과거 항하사겁 이전에 한 부처님이 세상에 나타나셨으니 그 명호를 다보여래(多寶如來)라고 하였나이다. 만일 어떤 남자나 여자가 이 부처님의 명호를 듣기만 하면 끝내 악도에 떨어지지 않고 아주 신묘한 즐거움을 받을 것이옵니다.

또한 과거세에 한 부처님이 세상에 나타나셨으니 그 명호를 보상여래(寶相如來)라고 하셨나이다. 만일 어떤 남자나 여자가 이 부처님의 명호를 듣고 공경하는 마음을 일으키면 이 사람은 오래지 않아 아라한과를 얻을 것이옵니다.

또한 과거 무량아승지 겁 전에 한 부처님이 세상에 나타나셨으니 그 명호를 가사당여래(袈裟幢如來)라고 하였습니다. 만일 어떤 남자나 여자가 이 부처님의 명호를 들으면 일백 겁 동안 나고 죽는 업에서 벗어나게 될 것이옵니다.

또한 과거에 한 부처님이 세상에 나타나셨으니 그 명호를 대통산여래(大通山如來)라고 하였나이다. 만일 어떤 남자나 여자가 이 부처님의 명호를 들으면 그 사람은 항하의 모래알 같이 많은 부처님을 만나서 널리 설법하시는 가르침을 듣고 반드시 깨달음의 길을 성취할 것이옵니다.

또 지난 세상에 '정월불(淨月佛)'과 '산왕불(山王佛)', '지승불(智勝佛)'과 '정명왕불(淨名王佛)', '지성취불(智成就佛)'과 '무상불(無相佛)', '묘성불(妙聲佛)'과 '만월불(滿月佛)', '월면불(月面佛)' 등 이루 말할 수 없는 여러 부처님이 계셨나이다.

부처님이시여, 현재와 미래의 일체 중생이 만일 한 부처님의 명호만 생각하여도 그 공덕이 한량없거늘, 하물며 여러 부처님의 이름을 생각한 공덕은 어떻겠나이까? 이 중생들은 태어날 때나 죽을 때 모두 큰 이익을 받아서 마침내 악도에 떨어지지 않을 것이옵니다.

만일 목숨을 마치는 사람이 있어서 그 가족 중의 한 사람이라도 이 병든 사람을 위하여 높은 소리로 부처님의 명호를 부르고 생각하는 사람이 있다면 이 사람은 다섯가지 무간지옥에 떨어질 큰 죄[五無間大罪]가 없어지고 그 나머지 업보들도 모두 없어지리라.

이 다섯가지 무간죄가 너무 무거워서 억겁이 지나도 벗어나지 못할지라도 목숨이 끊어질 때 다른 사람이 그 죽는 사람을 위하여 부처님의 명호를 부르고 외우면 그 공덕으로 말미암아 무거운 죄도 점점 소멸될 것인데, 하물며 그 중생 스스로 부처님을 부르고 생각함은 어떻겠습니까?

이런 사람은 반드시 한량없는 복을 얻고 한량없는 죄를 소멸하게 될 것입니다.

제10장 · 교량보시공덕품 較量布施功德品
보시한 공덕을
비교하는 품

그 때 지장보살이 부처님의 위신력을 입어 자리에서 일어나 합장하고 부처님께 여쭈었다.

"부처님이시여, 제가 업의 길[業道]을 살아가는 중생들의 보시공덕을 살펴보니, 공덕의 가볍고 무거움에 따라 한 생만 복을 받는 이도 있고 열 생의 복을 받는 이도 있고, 수많은 생애에 걸치도록 큰 복과 이익을 받는 이도 있으니 이는 무슨 까닭이옵니까?

바라옵나니 부처님이시여, 저희들을 위하여 말씀해 주시옵소서."

그 때에 부처님께서 지장보살에게 말씀하셨다.

"내가 지금 일체 중생이 모인 도리천궁 법회에서 염부제 중생들의 보시공덕이 가볍고 무거움을 살펴서 말하겠노라. 그대들은 자세히 들으라. 내가 그대들을 위해 설하리라."

지장보살이 부처님께 여쭈었다.

"저는 그 일이 매우 궁금하옵니다. 원컨대 기꺼이 듣고자 하옵니다."

부처님께서 지장보살에게 말씀하셨다.

"남염부제에 있는 모든 국왕과 재상·대신·장자·왕족·바라문들이 가장 가난한 이를 만나거나 꼽추·벙어리·귀머거리·장님 같은 온갖 장애자들에게 보시하고자 할 때 자비스러운 마음으로 웃으며 손수 보시하거나 부드러운 말로 위로한다면 이들이 얻는 복덕은 일백개 간지스강의 모래알 같이 많은 부처님께 보시한 공덕과 같느니라. 왜냐하면 국왕과 같이 높고 귀한 자리에

있는 이들이 가장 낮은 무리와 장애자들에게 큰
자비심을 낸 까닭이니라. 따라서 그만한 복이 생
겨 백천 생 가운데 늘 칠보가 구족함을 얻을 것
인데 하물며 의복과 음식 같은 일용품은 어떻겠
느냐?

지장보살이여, 또한 만일 미래세에 모든 국왕
과 바라문들이 부처님의 탑이나 절, 부처님의 형
상이나 보살·성문·벽지불의 형상을 찾아가 힘
써 마련한 것을 공양하고 보시하면 이 국왕 등은
마땅히 3겁 동안 제석천왕의 몸을 얻어 헤아릴
수 없는 안락을 누릴 것이니라.

또한 보시한 공덕을 법계(法界)에 회향(廻向)하면
서 이 국왕과 바라문들이 부처님의 탑사와 부처
님의 형상·보살·성문·벽지불의 형상을 만나
몸소 마련한 것으로 공양하고 보시하면 이 국왕
들은 마땅히 3겁 동안 제석천왕이 되어 헤아릴
수 없는 안락을 누릴 것이니라. 그리고 보시한

공덕을 법계에 회향하면 이 국왕과 바라문은 10겁 동안 항상 대범천왕(大梵天王)이 되느니라.

지장보살이여, 또한 미래세에 여러 국왕과 바라문이 옛 부처님의 탑이나 묘[塔廟]와 경전, 불상이 파괴되고 낡아 있음을 보고 발심하여 보수하되, 국왕·바라문들이 스스로 힘써 마련하거나 다른 이들에게 권하여 보시인연을 많이 맺어준다면 이 국왕 등은 백천 생에 걸쳐서 항상 전륜성왕(轉輪聖王:정의의 지도자)이 될 것이니라.

또한 함께 보시한 사람들은 수많은 생애에 걸쳐서 항상 작은 지도자의 몸을 받게 되며 다시 탑사 앞에 회향할 마음을 일으킨다면 이 국왕을 비롯해 모든 사람들이 함께 불도를 이룰 것이니 이와 같은 과보의 공덕은 한량없고 가이없느니라.

지장보살이여, 또한 미래세에 모든 국왕과 바라문들이 늙고 병든 자와 아기 낳는 부녀들을 보고서 한 생각이라도 큰 자비심을 일으켜서

의약품, 음식, 의복 등을 보시하여 평안하도록 해 주면 이와 같은 복덕은 아주 불가사의해서 일백 겁 동안 항상 정거천의 주인 [淨居天主 : 색계 제4선천(禪天)의 가장 높은 이]으로 태어나며 이백 겁 동안은 항상 욕계의 여섯 하늘 [六欲天]의 주인으로 태어나서 길이 악도에 떨어지지 않으며, 백천 생에 괴로운 소리가 귀에 들림이 없이 끝내 성불할 것이니라.

지장보살이여, 또한 만일 미래세에 국왕과 바라문들이 이와 같은 보시를 행한다면 한량없는 복을 얻고 다시 일체 중생에게 회향하면 보시의 많고 적음을 떠나서 마침내 부처가 되리니 하물며 제석천왕·대범천왕·전륜성왕이 집착없는 보시의 과보는 어떻겠느냐? 그러므로 지장보살이여, 널리 일체 중생에게 권하여 마땅히 이렇게 배우게 할지니라.

지장보살이여, 또한 만일 미래세에 선남자

선여인이 불법 안에서 털끝만큼이라도 작은 선근을 심어도 받게 되는 복과 이익은 무엇으로도 비할 수 없나니라.

또한 지장보살이여, 만일 미래세에 어떤 선남자 선여인이 부처님의 형상이나 보살·벽지불·전륜왕의 형상을 만나서 보시하고 공양한다면 한량없는 복을 받고 인간이나 천상에서 미묘한 안락을 누릴 것이며, 만일 법계에 회향한다면 이 사람의 복덕은 가히 비유할 수도 없으리라.

다시 지장보살이여, 만약 오는 세상에 어떤 선남자 선여인이 부처님의 탑이나 절, 새로 간행된 대승경전을 만나 보시하고 공양하며, 우러러 예배하고 찬탄하여 공경 합장하거나 혹은 헐었거나 무너진 것을 보고 보수하여 고치되 혼자서 마음을 내어 하기도 하고 남에게 권하여 함께 하거나 한다면, 이런 무리들은 삼십 생(三十生) 동안을 늘 여러 작은 나라의 지도자가 되고 단월(檀越:

신도)이 된 사람은 늘 전륜왕이 되어 어진 법으로
써 여러 작은 나라의 지도자들을 교화하게 될 것
이니라.

다시 지장보살이여, 오는 세상에 만약 어떤 선
남자 선여인이 부처님 법 가운데에 보시하거나
공양하며 탑이나 절을 보수하고 경전을 잘 펴내
어 선근을 심되, 비록 한 터럭 한 티끌 한 모래알
한 물방울만한 착한 일이라도 능히 법계에 회향
하면 이 사람은 그 공덕으로 백천 생 가운데 으
뜸가는 묘한 즐거움을 얻게 될 것이니라.

다만 자기 집안 권속에게만 회향하거나 자신의
이익에만 회향하면 이와 같은 공덕의 과보는
삼생(三生) 동안의 즐거움에 그칠 뿐이니라.

작은 것 하나라도 법계에 모두 회향함이 만가지
과보를 얻게 하는 것이니라. 그러므로 지장보살
이여, 보시로써 얻는 인연공덕은 이와 같느니라."

제11장 · 지신호법품 地神護法品

땅의 신이 불법을
옹호하는 품

　그 때 '견뢰지신(堅牢地神 : 단단하고 굳센 땅의 신)'
이 부처님께 여쭈었다.

　"부처님이시여, 저는 예로부터 한량없는 보살
마하살을 뵈옵고 예배하였는데 그분들은 모두
불가사의한 큰 신통력과 지혜로 널리 중생을 제
도하시지만 이 지장보살마하살의 서원은 모든
보살의 서원보다도 깊고 무겁나이다.

　부처님이시여, 지장보살이 염부제에 큰 인연이
있으심 같이 저 문수보살, 보현보살, 관세음보
살, 미륵보살도 역시 백천가지의 몸을 나타내어

육도(六道)의 중생을 제도하시지만 서원을 세운 겁의 수가 천백억 간지스강의 모래수와 같아서 다함이 없나이다.

부처님이시여, 제가 살펴보니 미래와 현재의 모든 중생이 자기가 사는 곳이나 남쪽의 깨끗한 곳에 흙·돌·대나무 등으로 집을 짓고 그 가운데 지장보살을 그리거나 금·은·동·철로 조성하여 모시고 향을 사루어 공양하며 우러러 예배하고 찬탄하면 이 사람은 사는 동안 다음과 같은 열 가지 이익을 얻게 될 것이옵니다.

열가지 이익이란 무엇인가 하면

첫째, 토지에 풍년이 들고

둘째, 집안이 언제나 평안하며

셋째, 조상들이나 죽은 권속들이 천상에 태어나고

넷째, 살아있는 가족들의 수명이 더 늘며

다섯째, 구하는 바가 뜻대로 이루어지며

여섯째, 물이나 불로 인한 재앙이 없으며

일곱째, 재물이 헛되이 소모되는 일이 없게되며

여덟째, 나쁜 꿈이 끊어지고

아홉째, 출입시에 호법신중이 보호하며

열째, 거룩한 진리의 인연을 많이 만나게 되는 것을 말하옵니다.

부처님이시여, 미래와 현재의 중생이 만일 자기가 사는 처소에서 공양을 지으면 이와 같은 이익을 얻게 되옵니다."

견뢰지신이 다시 부처님께 여쭈었다.

"부처님이시여, 미래세에 어떤 선남자 선여인이 자기가 사는 곳에서 이 경전과 보살의 형상을 모시고 경전을 읽고 외우고 공양하면, 제가 언제나 저의 본래의 위신력으로써 이 사람을 보호하여 불이나 물, 도둑과 크고 작은 횡액이나 일체 악한 일은 모두 없도록 하겠나이다."

부처님께서 말씀하셨다.

"견뢰지신이여, 그대의 큰 위신력은 다른 신들은 따르기 어렵도다.

왜냐하면 염부제의 토지가 다 그대의 보호를 받으며 초목, 모래, 돌, 곡식, 보배 등의 모든 물건이 다 이 땅에 있으니 모두 그대의 힘을 입기 때문이니라. 더우기 그대가 지장보살의 공덕을 찬탄하고 있으니 그대의 공덕과 신통은 다른 보통 지신보다도 백천 배가 되느니라.

만일 선남자 선여인이 지장보살에게 공양하며 이 경을 읽고 외우며, 지장보살본원경(地藏菩薩本願經)을 의지하여 다만 한 가지라도 행한다면, 그대의 힘만으로도 모든 재해에서 보호되고, 또 뜻대로 되지 않는 일은 귀에 들리지도 않을 것인데 어찌 하물며 재앙을 겪게 되겠는가?

그리고 단지 그대만이 이 사람들을 보호하는 것이 아니라 제석 범왕과 제석천의 권속들도 모두 그 사람을 옹호하느니라.

　왜 이와 같은 성현들의 옹호를 받게 되는가?
그것은 모두가 지장보살의 존상을 우러러 예경
하며 이 지장보살본원경을 독송한 까닭으로 이
사람은 자연히 고통바다를 벗어나 열반의 즐거
움을 얻게 되어 큰 옹호함을 얻는 것이니라."

제12장 · 견문이익품 見聞利益品
보고 들어서 이익을 얻는 품

그 때 부처님께서는 머리 위로부터 백천만억의 큰 터럭 모습의 빛[大毫相光]을 놓으셨다.

그 빛들은 이른바 흰 털 모습의 빛, 크게 흰 털 모습의 빛, 서기 어린 털 모습의 빛, 크게 서기 어린 털 모습의 빛, 옥빛 털 모습의 빛, 큰 옥빛 털 모습의 빛, 자주색 털 모습의 빛, 큰 자주색 털 모습의 빛, 파란 털 모습의 빛, 크게 파란 털 모습의 빛, 푸른 털 모습의 빛, 크게 푸른 털 모습의 빛, 붉은 털 모습의 빛, 크게 붉은 털 모습의 빛, 초록 털 모습의 빛, 큰 초록 털 모습의 빛,

금색 털 모습의 빛, 큰 금색 털 모습의 빛, 경사로운 구름 털 모습의 빛, 크게 경사로운 구름 털 모습의 빛, 천 개의 바퀴 털 모습의 빛, 큰 천 개의 바퀴 털 모습의 빛, 보배바퀴 털 모습의 빛, 큰 보배바퀴 털 모습의 빛, 해바퀴 털 모습의 빛, 큰 해바퀴 털 모습의 빛, 달바퀴 털 모습의 빛, 큰 달바퀴 털 모습의 빛, 궁전 같은 털 모습의 빛, 큰 궁전 같은 털 모습의 빛, 바다구름 털 모습의 빛, 큰 바다구름 털 모습의 빛 등이었다.

세존께서는 이러한 털 모습의 빛을 정수리 위에서 놓으시고 미묘한 음성으로 여러 대중과 하늘 용 팔부대중과 사람같지만 사람 아닌 이들에게 이르셨다.

"내가 오늘 이 도리천궁에서 지장보살이 인간과 천상을 이익케 하는 불가사의한 일과 성스러운 지위에 오르는 일과 십지(十地)의 지위를 증득하게 하는 일과 끝내 아뇩다라삼먁삼보리에서

물러서지 않게 하는 일들을 모두 드높이 찬탄
하리라."

부처님께서 이 말씀을 하실 때에 모임 가운데
한 보살마하살이 계셨으니 이름은 관세음이었다.
보살은 자리에서 일어나 무릎을 꿇어 합장하고
부처님께 말씀드렸다.

"부처님이시여, 지장보살은 큰 자비심으로 죄
업의 고통을 받는 중생을 가엾게 여기시어 천만
억 세계의 천만억 몸으로 나타내신 공덕과 불가
사의한 위신력을 저는 이미 들었나이다.

이와같이 부처님께서 시방의 모든 부처님과
더불어 지장보살을 찬탄하시는데 어찌하여
과거, 현재, 미래의 모든 부처님이 한결같이
지장보살의 공덕을 말씀하셔도 오히려 다하지
못하나이까?

앞서 부처님께서 널리 대중에게 지장보살 찬탄
하는 공덕 등에 대해 말씀하시는 것을 뵈었나이다.

부처님이시여, 현재와 미래의 일체중생을 위하여 지장보살의 불가사의한 일을 찬탄하시어 천신·인간·용·팔부신중으로 하여금 예배드리고 복덕을 얻게 하소서."

부처님께서 관세음보살께 말씀하셨다.

"그대는 사바세계에 큰 인연이 있어서 만약 천신과 용, 남자와 여자, 귀신과 육도의 죄 지은 모든 중생이 그대의 이름을 듣거나 그대의 형상을 보거나 생각하거나 찬탄하고 흠모한다면 이 모든 중생들은 다 궁극의 진리에서 물러나지 않고 항상 인간이나 천상에 태어나서 헤아릴 수 없는 많은 즐거움을 받을 것이며 장차 인과가 무르익으면 깨달음을 이루리라는 수기(授記)를 부처님으로부터 받게 되리라.

그대가 이제 큰 자비심으로써 중생과 천신·용·팔부신중을 불쌍히 여겨 여래가 지장보살이 베푸는 불가사의한 이익에 대해서 말하는 것을 듣고자 하는구나. 그대는 자세히 들으라. 여래가 이제 그대를 위하여 설하리라.”

관세음보살이 부처님께 여쭈었다.

“그렇습니다. 세존이시여 기꺼이 듣고자 하옵니다.”

부처님께서 관세음보살에게 말씀하셨다.

“미래 현재의 모든 세계에서 천상의 사람이 누리던 복이 다하여 다섯가지 쇠퇴하는 모습[五衰相]이 나타나고 혹은 악도에 떨어지게 되었더라도, 천상의 사람이 남자나 여자나 지장보살의 형상을 보고 우러러 예배하면 이들에게 천가지 복이 더해져서 큰 기쁨과 즐거움을 받고 영원히 삼악도에 떨어지는 과보를 받지 않으리라. 하물며 지장보살을 뵈옵거나 그 명호를 듣고 향이나 꽃, 의복과 음식, 보배와 목걸이 등으로 보시공양한다면 이로써 얻는 공덕과 복과 이익은 참으로 한량없으리라.

관세음보살이여, 또한 만일 미래나 현재의 모든 세계 육도 중생들이 목숨을 마치려 할 때, 지장보살의 명호를 들려주어 그 한 소리만 귀에 들어가게 하여도 이 중생들은 영원히 삼악도의 고통을 겪지 않으리라.

하물며 임종할 때 부모나 권속들이 그 사람의 집이나 재물과 보배와 의복 등을 가지고 지장보살의 모습을 조성하거나 그리며, 혹 병든 사람이 죽기 전에 눈으로 직접 그 모습을 보게 하고 명호를 듣게 한다면 어떻겠느냐?

이 사람은 지은 업보로 중병을 앓는 것이 마땅할지라도 지장보살을 모신 공덕을 입어서 곧 병이 낫게 되고 오래 살 것이니라. 이 사람이 만일 지은 업보로 말미암아 마땅히 악도에 떨어지게 될지라도 그 공덕을 입어서 죽은 뒤에 곧 인간이나 천상에 태어나서 헤아릴 수 없는 많은 즐거움을 받고 모든 죄업은 소멸되리라.

관세음보살이여, 또한 만일 미래세에 어떤 남자나 여인이 젖먹이 때나 세 살이나 다섯 살 또는 열 살도 채 되기 전에 부모가 죽었거나 형제자매를 잃고서 나이가 든 뒤 부모와 권속들을 생각하고 그리워한다면 지장보살의 형상을 조성하고 그림으로 그려서 모시고 지장보살의 명호를 부르며 우러러 예배하게 하여라.

한 번 절할 때부터 칠 일이 되도록 처음 일으킨 마음을 흐트리지 않고 계속해서 예배하고 공양한다면, 이 사람의 가족이 설사 죄업으로 인하여 악도에 떨어져서 여러 겁을 보내고 있을지라도 지장보살의 형상을 그리고 조성하여 예배하고 공양한 공덕으로 곧 해탈하여 인간이나 천상에 태어나서 헤아릴 수 없는 많은 즐거움을 누리리라.

이 사람은 저 보살의 공덕을 받으므로 거룩한 인연이 더욱 더 늘어나 한량없는 즐거움을 누리게 되는 것이니라.

또한 이 사람이 21일 동안 한마음으로 지장보 살의 형상에 예배하고 그 명호를 만 번 염송하면 지장보살이 가없는 몸을 나타내어 그 권속들이 태어난 세계를 가르쳐 줄 것이며, 꿈 속에서 보 살이 큰 위신력을 나투어 친히 이 사람과 함께 가족들이 태어난 곳에 데려가 보여주리라. 또한 날마다 보살의 명호를 천 번씩 염송하여 천 일이 되면 보살은 그가 사는 곳의 토지신을 시켜 몸이 다하도록 보호하게 하며, 그에게는 먹고 입는 것 이 풍족할 것이고 모든 병고가 없을 것이며, 어 떤 횡액에도 그 집 문 안에 들지 못하게 되거늘 하물며 몸에 미치게 하겠느냐?

이 사람은 마침내 보살이 머리를 쓰다듬어 주 는 수기[摩頂授記]를 받으리라.

관세음보살이여, 또한 미래세의 어떤 선남자 선여인이 넓고 큰 자비심을 발하여 일체중생을 구제하고 위 없는 깨달음을 닦고자 하거나 삼계

(三界)에서 벗어나고자 한다면, 모든 지장보살의 형상을 보거나 명호를 듣고 지극한 마음으로 귀의하되 향이나 꽃과 의복, 보배와 음식으로 공양하고 지극한 마음으로 예배하면 이 선남자 선여인이 원하는 일이 속히 이루어지고 영원히 장애가 없어지게 되리라.

관세음보살이여, 또한 미래세의 어떤 선남자 선여인이 현재와 미래세 백천만억의 소원과 백천만억의 일을 이루고자 한다면 오직 지장보살에게 귀의하고 공양 찬탄하면 모든 소원과 구하는 일이 성취되리라.

또한 큰 자비로써 영원히 자신을 지켜주기 원한다면 이 사람은 꿈 속에서 보살이 머리를 만져주는 수기를 받게 되리라.

관세음보살이여, 또한 미래세의 진리에로 나아가는 어떤 선남자 선여인이 대승경전을 깊이 존중하여 부사의한 마음을 내어서 밝은 스승을 만나

가르침을 받으며 익혀서 외웠다가 금방 잊고 긴 세월이 지나도록 잘 읽고 외우지 못하는 것은 모두 전생의 업장을 소멸하지 못한 까닭이니라.

대승경전을 독송할 수 있는 바탕이 없는 이러한 사람은 지장보살의 명호를 듣고 지장보살의 존상을 뵙게 되면 본심을 갖춰 공경스럽게 그 사실을 아뢰고, 다시 향이나 옷, 음식이나 온갖 좋은 물건들로 보살에게 공양하고 깨끗한 물 한 잔을 하룻밤 동안 지장보살 앞에 두었다가 합장하고 마시되 머리를 돌려 남쪽으로 향하고 입을 댈 적에는 지극히 정중한 마음으로 해야 하느니라.

물을 마시고 나서 다섯가지 매운 나물[五辛菜]과 술과 고기, 음행, 거짓말, 살생을 7일 혹은 21일 동안 삼가면 이 선남자 선여인들은 꿈에 지장보살이 원만한 모습을 나타내어 정수리에 물을 뿌려주는 수기함[灌頂]을 보게 되리라.

그리고 그 사람이 꿈을 깨면 곧 총명을 얻어서 경전을 한 번이라도 들으면 곧 기억하고 다시는 한 글귀, 한 게송이라도 잊지 않게 되리라.

다시 관세음보살이여, 또한 미래세의 어떤 사람들이 옷과 먹을 것이 넉넉지 못하여 먹을 것과 입을 것을 구해도 뜻대로 얻을 수 없으며, 혹은 질병이 많거나 흉한 일이 많고 집안이 평화롭지 못하고 권속이 흩어지며, 혹은 모든 횡액이 닥쳐서 몸을 괴롭히고 꿈 속에서 자주 놀라고 두려운 일이 많아도 지장보살의 명호를 듣거나 형상을 보고 지극한 마음으로 공경하고 만 번을 부르면 여의치 않는 모든 일이 점점 없어지고 안락을 얻게 되며 옷과 먹을 것이 풍족하고 꿈에서도 늘 편안하게 되리라.

관세음보살이여, 또한 미래세에 어떤 선남자 선여인이 생활에 필요하거나 자신과 대중을 위해서, 혹은 태어나고 죽는 일 때문에, 혹은 급한 일로, 혹은 산이나 숲속에 들어가거나 강이나 바다를 건너거나 큰 물에 이르고 험한 길을 지나게 될 때, 이 사람이 먼저 지장보살의 명호를 만 번 생각하면 그가 지나는 곳의 토지신이 보호해서 가고 서고 앉고 눕는데 언제나 평안할 것이며 호랑이·늑대·사자와 같은 모든 맹수들을 만날지라도 능히 해치지 못하리라.”

부처님께서 관세음보살께 말씀하셨다.

“지장보살은 염부제와 큰 인연이 있으니 만약 모든 중생이 보고 들어서 얻는 이익을 말하자면 백천 겁이 지나도 다 말하지 못하리라.

그러므로 관세음보살이여, 그대는 위신력으로써 이 경전을 유포하여 사바세계의 중생들로 하여금 백천만 겁토록 영원한 안락을 누리게 할지니라.”

이 때 부처님께서 게송을 말씀하셨다.

내가 지장의 위신력을 살펴보니
간지스강의 모래수만큼 말해도 다하기 어려우며
잠깐사이 보고 듣고 우러러 예배하여도
인천(人天)에 이익됨이 끝이 없다네.

만약 남녀와 용신(龍神)들이 업보 따라
삼악도에 떨어져도 지극하게 지장보살에 귀의하면
수명이 길어지고 죄업장 남김없이 사라지네.

어릴 때 부모의 은애(恩愛)를 잃은 사람은
그 부모 혼신이 계신 곳을 알 수 없으며
형제 자매와 여러 친족 태어남과 성장함을
모두 알지 못하리라.

지장대사 형상을 조성하거나 그릴 때에
지극히 우러러 예를 갖추어
쉬임 없이 삼칠일(三七日)을 그 명호 염송하면

보살은 끝이 없는 몸을 나투어
권속이 태어난 곳 보여주며 악도 속에 떨어져도
모두모두 건져주며
처음 먹은 마음 물러서지 않으면
성스런 마정수기(摩頂授記)얻게 하리라.

어떤 사람 무상보리(無上菩提) 닦고 행하여
삼계(三界)의 고통을 벗어나려 하면
대비심을 일으켜서 거룩하신 보살님께
우러러 예배 올리라.
모든 소원 속히 성취하게 되며
영원히 모든 업장 없어짐을 가로 막지 못하리라.

발심하여 경전을 생각하는 사람이
미(迷)한 중생 제도하여
저 언덕에 건너가게 하려는
불사의한 이 원력을 세웠다 해도

읽고도 잊어버려 자주 막힘은
지난 숙세의 이 사람 업장 때문이니
그 때문에 대승경을 기억하지 못함이니라.

향과 꽃으로 지장보살께 공양 올리고
의복과 음식과 모든 공양물 갖추어
청정수 한 잔 보살 앞에 바쳐올리고
하루 밤낮 동안 명심하여 잊지 말고
깊은 마음 일으켜서 오신채를 마다하고
고기 먹고, 술 마시고, 삿된 음행, 망언을 마다하고
삼칠일을 살생하지 아니하며
거룩하신 대사 명호 지성으로 염송하리라.

꿈 속에서 가없는 대보살 몸을 보고 깨어나면
곧 눈과 귀가 밝아지며 이 경전 가르침이
귓전으로 스쳐가도 천만생을 사는 동안
영원히 잊지 않게 지장보살의 불사의한 위신력이

이 사람을 일깨워서 큰 지혜를 얻게 하리라.

가난하고 병많은 중생들이
집안 운세 기울어서 권속들 흩어지고
언제나 꿈 속에서도 마음 편치 못하며
구하는 것 어긋나고 뜻하는 일 못 이루면
지성으로 지장보살 모습에 우러러 예 갖추면
일체의 모든 악은 전부 사라져서
꿈 속에까지 모두 편안해 질 것이며
의식이 풍부하고 귀신도 보호하리라.

깊은 산속 들어가고 바다 건널 때
악독한 짐승들과 악한 사람들과
악신들과 악귀들과 거센 바람이 일어나고
갖가지 재난과 갖은 고통 닥쳐와도
지성으로 우러러 예를 갖추며
향과 꽃과 의복과 음식으로 봉양하고 공양하면

재난들이 모두모두 소멸되어
평온함을 얻으리라.

이같은 큰 공덕을 법계에 회향하면
궁극에는 성불하여 생사를 초탈하리니
관세음보살이여,
그대도 이처럼 마땅히 알아
간지스강의 모래수처럼 많은
모든 세상에 널리 펴서 모르는 이 없게 하여라.

제13장 · 촉루인천품 囑累人天品

신과 인간에게
부촉하는 품

그 때 부처님께서 금빛 팔을 다시 들어 지장
보살의 이마를 어루만지시며 말씀하셨다.

"지장, 지장이여, 그대의 위신력은 불가사의하
도다. 또한 그대의 자비와 그대의 지혜, 그대의
변재도 불가사의하도다. 시방의 모든 부처님께서
그대의 불가사의함을 천만 겁 동안 찬탄하여도
다하지 못하리라.

지장보살이여, 내가 오늘 이 도리천에서 백천
억의 말로도 다 설할 수 없는 모든 부처님과 보살,
천신과 용, 그리고 팔부신중이 모인 자리에서

그대에게 다시 부촉하노라.

그대는 불타는 집과 같은 삼계의 나고 죽음에서 아직 벗어나지 못한 중생들이 하루라도 악도에 빠지지 않도록 할 것이며, 다섯가지 무간지옥이나 아비지옥에 떨어져서 천만 겁이 지나도록 벗어날 기약이 없도록 하지 말지니라.

지장보살이여, 이 남염부제 중생들은 뜻과 성품이 고요한 바가 없으니 악한 업을 짓는 이가 많고 비록 착한 마음을 내었다고 할지라도 잠깐 사이에 곧 퇴보하며, 만약 악한 인연을 만나면 생각생각마다 악업을 더하게 되느니라.

그러므로 내가 이 몸을 백천억으로 나투어서 교화하고 제도하되 그 근기와 심성에 따라서 해탈의 길로 인도하느니라.

지장보살이여, 내가 지금 그대에게 간곡히 하늘과 인간의 중생들을 부탁하나니 만약 미래세의 어떤 하늘과 어떤 선남자 선여인이 불법

안에서 터럭 하나, 모래알 하나, 한 방울의 물보다 작은 선근을 심더라도 그대는 진리의 힘으로 이 사람을 옹호하여 점점 위없은 궁극의 진리를 닦아 물러서지 않게 할지니라.

지장보살이여, 또한 미래세에 천인이나 사람이 죄업대로 악도에 떨어지게 된다면 악도에 떨어질 때에나, 혹은 지옥의 문 앞에 이르러서 한 구절, 한 게송만 생각하더라도 그대는 위신력과 방편으로써 구제하되 그들이 있는 곳에 가없는 몸을 나타내어 지옥을 부수고 천상에 태어나게 하며 미묘한 즐거움을 받게 할지니라."

부처님께서 게송을 설하셨다.

현재와 미래의 모든 중생들을
내 이제 그대에게 부촉하나니
대신통과 방편으로 제도하여서
악도에 떨어지지 않도록 하라.

그 때 지장보살이 무릎을 꿇고 합장하여 부처님께 여쭈었다.

"부처님이시여, 바라옵건대 염려하지 마옵소서. 미래세의 선남자 선여인이 불법 안에서 한 생각이라도 공경스러운 마음을 내면, 제가 온갖 방편으로 그들을 제도하여 나고 죽음 가운데서 한시바삐 벗어나게 하겠사옵니다. 하물며 모든 착한 일들을 듣고 생각생각 닦아 행하는 사람이야말로 말할 나위가 있겠습니까? 이 사람들은 자연히 위없는 궁극의 진리를 닦아 물러서지 않을 것이옵니다."

그 때 자리에 있던 허공장보살(虛空藏菩薩)이 부처님께 여쭈었다.

"부처님이시여, 제가 도리천에서 부처님께서 지장보살의 위신력이 불가사의하다고 찬탄하심을 들었습니다. 세존이시여, 미래세에 선남자 선여인과 모든 천신과 용들이 이 경전과 지장보살의 명호를 듣거나 모습을 우러러 예배한다면 어떤 이익을 얻게 되옵니까?

바라옵건대 부처님이시여, 미래와 현재의 중생들을 위하여 간략히 말씀해 주시옵소서."

부처님께서 허공장보살에게 말씀하셨다.

"자세히 듣고 또 들으라. 내가 마땅히 그대를 위하여 분별해 설하리라.

만약 미래세에 선남자 선여인이 지장보살의 형상을 보고 이 경전을 보거나 이 경전을 읽고 외우며 향·꽃·의복·음식·보배로써 공양하고 찬탄 예배하면 스물 여덟 가지 이익을 얻게 되느니라.

첫째, 천인과 용이 보살펴 줄 것이요
둘째, 좋은 과보가 날로 더할 것이요
셋째, 거룩한 법의 인연을 만날 것이요
넷째, 보리심(菩提心)에서 물러서지 않을 것이요

다섯째, 옷과 먹을 것이 풍족할 것이요

여섯째, 질병이 닥치지 않을 것이요

일곱째, 수재와 화재를 만나지 않을 것이요

여덟째, 도적의 액난이 없을 것이요

아홉째, 모든 사람이 보고 흠모하고 존경할 것이요

열째, 선신이 돕고 지켜줄 것이요

열한째, 여자가 남자 몸이 될 수 있을 것이요

열두째, 여자라면 고귀한 가문의 여인이 될 것이요

열셋째, 용모가 단정할 것이요

열넷째, 천상에 많이 태어날 것이요

열다섯째, 위력있는 지도자가 될 것이요

열여섯째, 앞 세상의 일을 알 것이요

열일곱째, 구하는 바를 뜻대로 이룰 것이요

열여덟째, 권속들이 화목할 것이요

열아홉째, 모든 횡액이 소멸할 것이요

스무째, 업의 길이 영원히 없어질 것이요

스물한째, 가는 곳마다 막힘이 없을 것이요

스물두째, 꿈이 안락할 것이요
스물셋째, 선망부모가 괴로움에서 벗어날 것이요
스물넷째, 이미 지은 복을 타고 날 것이요
스물다섯째, 모든 성현이 찬탄할 것이요
스물여섯째, 총명하고 근기가 수승할 것이요
스물일곱째, 대중에 대한 자비심이 충만할 것이요
스물여덟째, 마침내 부처를 이룰 것이니라.

허공장보살이여, 또한 현재와 미래의 천인과 용, 귀신 등이 지장보살의 이름을 듣거나 그 형상에 예배하거나 혹은 지장보살의 본원(本願) 등을 듣고 따라 수행하며 찬탄하고 우러러 예경하면 일곱 가지 이익을 얻게 되느니라.

첫째, 속히 성인의 지위에 뛰어 오름이요
둘째, 악업이 모두 소멸됨이요
셋째, 모든 부처님이 곁에서 옹호하여 주심이요

넷째, 깨달음의 길에서 물러나지 않음이요

다섯째, 본원의 힘이 더욱 커짐이요

여섯째, 숙명통(宿命通:지난 세상의 일을 통달하여 아는 지혜)을 얻음이요

일곱째, 필경에 부처를 이루는 것이니라.

이 때 시방세계에 모이신 이루 말할래야 말할 수 없는 모든 부처님과 큰 보살, 용, 팔부신중들이 석가모니 부처님께서 지장보살의 불가사의한 위신력을 찬탄하심을 듣고 '일찍이 없었던 일이다'고 찬탄하였다.

이 때 도리천에는 한량없는 향과 꽃, 하늘 옷과 보배구슬이 비오듯 내려 석가모니 부처님과 지장보살님을 공양하였으니 법회에 모인 대중들은 모두 함께 우러러 예배하고 합장하며 물러갔다.

태아령의 천도를 기원하여 모셔진 태안지장보살

장수멸죄경 長壽滅罪經

장수멸죄경 長壽滅罪經

－장수멸죄호제동자다라니경 長壽滅罪護諸童子陀羅尼經－

이와같이 나는 들었다.

어느 때 부처님께서 왕사성 기사굴산에 큰 비구 스님 천 이백 오십인과 함께 계시었다. 거기에는 큰 보살 일만 이천인과 모든 천룡팔부와 귀신과 사람인 듯 아닌 듯한 것들도 같이 모였었다.

그 때에 부처님은 신통력으로써 미간에서 여러 가지 광명을 놓았는데 오색이었다. 한 광명 가운데 한량없이 많은 화신 부처님이 계셔서, 이와같은 부처님의 경계를 중생들로서는 도저히 헤아릴 수 없었다. 그리고 화신부처님마다 한량없는 화신보살이 있어 부처님의 공덕을 찬탄하여 노래하였다. 그 광명은 실로 미묘해서 헤아리기가 어려웠다.

위로는 비비상천(非非想天)에 이르고 아래로는 아비지옥에 까지 미치었으며 팔만겁을 둘러 비추지 않은 데가 없었다. 그 속에서 부처님의 광명을 만나는 중생이면 누구나 저절로 염불을 하게 되어 '초지방편삼매(初地方便三昧)'를 얻었다.

그 때 모인 대중 가운데서 새로 발심한 보살 마흔아홉 사람이 있었는데, 그들은 저마다 부처님에게서 오래 사는 법을 듣고 싶어 했으나 묻지 못하고 있었다. 그 뜻을 알아차린 문수보살은 자리에서 일어나 옷 깃을 여미고 부처님께 합장하며 이렇게 아뢰었다.

"부처님이시여, 제가 보기엔 대중 가운데서 의문이 있는 것 같사와 이제 그것을 묻고저 하오니 부처님께서는 제가 말씀드린 바를 들어

주시옵소서."

"착하고 착하다. 문수사리여! 너희에게 의문이 있다면 묻고 싶은대로 물으라."

문수사리는 이렇게 말씀하셨다.

"부처님이시여, 모든 중생은 생사의 바다에서 온갖 나쁜 업을 한량없이 지어 그로말미암아 지옥·아귀·축생·아수라·인간·천상 등 여섯 갈래로 윤회하는 것이온데, 어쩌다 사람의 몸으로 태어난다 할지라도 단명한 업보를 받는다 하옵니다. 어떻게 하오면 그 목숨이 길어지고 모든 나쁜 업을 없앨 수 있는지 부처님께서는 오래 사는 법을 말씀해 주옵소서."

부처님은 말씀하시기를

"문수여 그대의 자비심이 한량 없어서 죄로써 괴로워 하는 중생들을 가엾이 여긴 나머지 그렇게 물었지만 설사 내가 말한다 할지라도 중생들은 믿지 않을 것이다"라고 하셨다.

문수사리는 다시 부처님께 말씀하셨다.

"부처님은 천상과 인간의 스승이시고 두루 중생을 보살피시는 자비스런 어버이시니 바라옵건대 저희들을 가엾이 여기시어 널리 말씀해 주옵소서."

부처님은 문득 미소를 지으시고 대중에게 말씀하셨다.

"너희들은 잘 들어라. 이제 너희를 위해서 말해주겠노라. 지나간 세상에 '무구청정(無垢淸淨)'이라고 하는 세계가 있었느니라. 거기 계신 부처님은 이름을 '보광정견여래(普光正見如來)'라 하였는데, 한량없이 많은 보살 대중이 공경하여 모시고 있었다. 그 대중 가운데에는 '전도(顚倒)'라고 하는 한 여인이 있었는데 부처님이 세상에 출현하셨다는 소문을 듣고 출가하려고 하여 보광정견여래 앞에 나아가 말하기를,

"부처님이시여, 저에게는 나쁜 업이 있어서 참회코저 하오니, 부처님께서는 제가 올리는 말씀을 들어주시옵소서. 제가 예전에 어떻게 잘못하여 어린애를 밴지 여덟 달 만에 집안의 위신을 염려해서 어린 생명을 돌볼 새 없이 약을 먹어 지운 일이 있었습니다. 일찍이 어떤 지혜있는 이가 와서 제게 말하기를 만일 태를 상하는 사람은 생전에는 중병이 들어 목숨이 단명하고 죽은 뒤에는 아비지옥에 떨어져 무서운 형벌을 받는다고 하였는데, 이제와서 생각하니 두렵고 무서워서 어찌하면 좋을지 모르겠습니다.

바라옵건대 부처님께서는 자비로써 저를 위해 설법하여 주시옵고 출가를 허락하여 이 괴로움에서 벗어나게 하여 주시옵소서" 하며 슬피우는 것이었다.

보광정견여래는 '전도' 여인에게 이렇게 말씀하셨다.

"세상에는 참회해서 없애기 어려운 다섯가지가 있는데 그것은 첫째 아버지를 죽임이요, 둘째 어머니를 죽임이요, 셋째 태아를 죽이는 일이요, 넷째 부처님의 몸에서 피를 냄이요, 다섯째 화합한 대중을 깨뜨리는 일들이니 이와같은 나쁜 짓은 그 죄를 없애기 어려우니라."

이 말을 들은 전도여인은 슬피 눈물을 흘리고 부처님 앞에 무릎 꿇어 엎드려 흐느끼면서 말하였다.

"부처님이시여, 부처님께서는 너그러운 자비로써 모든 것을 구호하옵시니, 저를 가엾이 여겨 법문을 설해 주소서."

보광정견여래는 다시 전도여인에게 말씀하셨다.

"너는 이 죄업으로 아비지옥에 떨어져 쉴새없이 견디기 어려운 고통을 받을 것이다. 훨훨 불이 타오르는 사면에는 무쇠로 둘려있고 위로는 철망이 처져 있으며 네 문에도 불꽃이 맹렬하여 달아날 수도 없다.

만약 거기 한 사람이 들어가게 되면 몸은 옥 속에 가득 차 빈틈이 없으며, 수많은 사람이 들어간다 하더라도 또한 사람으로 가득찰 것이다. 그런데 거기 죄인의 몸에는 독이 오른 뱀이 칭칭 감기어 물고 뜯으면 그 몸서리치는 아픔은 타오르는 불꽃의 아픔보다 더하리라. 또 거기에는 소의 머리를 하고 손에는 쇠뭉치를 든 옥졸이 나타나서 때릴듯이 시뻘건 눈알을 부라리며 고래고래 고함을 칠 것이다.

이와같이 오랜 겁을 두고 고통을 받으면서도 죽을래야 죽을 수도 없는 것이다. 너도 태아를 죽인 죄값으로 이러한 고통을 받으리라."

여인은 이 말을 듣고 놀란 끝에 기절하였다. 이윽고 다시 깨어나 슬피 울면서 부처님께 거듭 하소연하였다.

"부처님이시여! 오직 저 한사람만이 이러한 고통을 받습니까? 아니면 일체중생이 다 이러한 고통을 받습니까?"

보광여래께서는 다시 전도에게 말씀하셨다.

"여인아, 네 어린 것이 태 안에 있을 때에는 사람의 형상을 갖추어 마치 지옥에 있는 것과 같은 것이다. 어미가 더운 음식을 먹으면 더운 지옥과 같고 차거운 음식을 먹으면 차거운 지옥과 같아서 종일토록 괴로워하며 어둠 속에 있는 것이다. 네가 또한 나쁜 마음으로 독약을 먹었으니 이 악업으로 스스로 아비지옥에 떨어지게 된 것이다. 죄인은 다 너와 같은 무리이니라."

"그러하오나 제가 듣사오니 나쁜 죄를 지은 사람일지라도 만약 부처님이나 큰스승 앞에서 참회하면 그 죄가 곧 없어진다 하였사온데 저를 불쌍히 여기사 말씀해주소서."

보광정견여래는 다시 여인에게 말씀하셨다.

"만약 어떤 중생이 여러가지 무거운 죄를 지었을지라도 부처님이나 큰스승 앞에서 지성으로 참회하고 다시 죄를 짓지 않는다면 죄가 없어질 것이다. 목숨이 마친 뒤 염라대왕이 죽은 이의 죄가 있고 없음을 묻기전에 육친 권속이 부처님이나 큰스님을 청해서, 이레 동안 대승경전을 읽으며 향을 사르고 꽃을 흩으면 명부의 사자가 죽은 이의 선악을 가릴 때 오색으로 된 신기한 깃대를 가지고 오는데, 깃대 둘레에서는 노래로 찬탄하며 미묘한 음성으로, 이 사람은 착한 일을 했다고 염라대왕에게 알릴 것이다.

그러나 이레 안에 삿된 짓만 믿고 불법과 대승경전을 믿지 아니하며 효순한 마음과 자비한 마음이 없으면, 반드시 명부의 사자가 검은 깃대를 가지고 올것이다. 그 깃대 둘레에서는 한량없는 나쁜 귀신들이 모여와 이 사람은 나쁜 짓만 했다고 염라대왕에게 알릴 것이다.

이 때에 염라대왕이 오색의 기를 보게 되면 마음이 아주 기뻐서 큰 소리로 노래해 이르기를, '원컨대 나의 이 몸도 그대와 같이 착하게 된다면 모든 지옥이 변하여 맑은 샘이 되고 칼산과 칼숲으로 된 지옥이 연화대가 되어 모든 죄인들이 다 기쁨을 누릴 것이다'라고 할 것이다.

그러나 만약 염라대왕이 검은 기를 보게 되면 무섭게 성을 내어 고래고래 소리를 치면서 죄인을 잡아 '십팔 지옥'에 보낸다.

칼숲으로 된 산을 오르게 하거나 무쇠 평상에 누이며 혹은 혀를 빼어 보습을 삼아 밭을 갈며 방아에 찧어 부서지게 하고 돌에 갈아 물이 되게도 하며 하루에 만번 죽이고 만번 살리며 마침내는 아비지옥에 떨어져 더할 수 없는 괴로움을 받으면서 한시도 쉴 때가 없느니라."

보광정견여래의 말이 채 끝나기 전에 공중에서

험악한 소리로 외쳤다.

"전도 여인아! 너는 태아를 죽인 죄로 단명한 보를 받을 것이다. 나는 귀신의 사자로서 너를 잡으러 왔노라."

이 소리를 들은 전도 여인은 질겁을 하여 부처님의 발을 안고 오들오들 떨면서

"부처님이시여, 저를 위해 널리 모든 불법을 말씀하셔서 죄업을 소멸하는 인연을 지어 주시옵소서 죽기로써 원을 이루겠나이다"고 하였다.

그 때에 보광정견여래는 부처님의 위신력으로써 귀신의 사자에게 말씀하셨다.

"무상살귀여, 내가 이제 전도 여인을 위하여 「장수멸죄경(長壽滅罪經)」을 설하리니 잠깐만 기다리라. 내 마땅히 너에게 과거 천불께서 설하던 부처님의 비밀한 장수명경(長壽命經)으로써 너희로 하여금 나쁜 길에서 벗어나게 하리라"하시고 전도여인에게 향하여 말씀하셨다.

"여인이여, 잘 듣거라. 이 무상살귀가 구하는 뜻을 벗어나기란 정말 어려우니라. 설사 한량이 없는 백천 금·은·유리같은 보배가 있다 할지라도 그것으로 수명과 바꿀 수는 없는 것이다. 비록 국왕과 왕자와 재상과 부자의 세력으로도 무상살귀가 한번 오게 되면 그 목숨을 더 이어갈 수가 없는 것이니라.

전도여, 잘 듣거라. 그러나 오직 부처님만은 능히 이 괴로움을 면할 수 있느니라.

세상에 두 사람이 있는데 그는 심히 희귀하여 우담화처럼 만나 보기 어려우니라. 한 사람은 악한 법을 행하지 아니하고 다른 한 사람은 죄가 있으면 곧 참회하니, 이와같은 사람들은 결코 흔하지 않느니라. 네가 지극한 마음으로 내게 참회하니 나는 너를 위하여 「장수경」을 설해서 너로 하여금 무상살귀의 괴로움에서 벗어나게 해 주겠노라.

전도 여인이여, 똑똑히 알아라. 오는 세상이 흐리고 악한 때에 만약 어떤 중생이 여러가지 무거운 죄 곧 부모를 죽이거나 독약을 먹어 뱃속에 든 태아를 죽이거나 탑과 절을 무너뜨리거나 부처님의 몸에서 피를 내거나 혹은 화합한 대중을 깨뜨리거나 이와같은 오역죄를 범한 중생일지라도, 만약 이「장수경」을 받아가지고 쓰거나 읽고 외우며 몸소 쓰거나 남을 시켜 쓰게 할지라도, 죄를 면하고 천상에 난다고 하였는데 하물며 네가 이제 친히 나를 만나 봄에 있어서랴.

착하도다, 전도 여인이여! 네가 한량없이 많은 겁을 두고 여러가지 착한 일을 해 왔으며 또 지극한 마음으로 참회함으로 내가 이제 더할 수 없는 법륜을 굴려서 끝없이 넓은 생사의 바다를 건너게 하리라. 너는 정신차려 들어라. 나는 과거 모든 부처님이 의지하던 '열두 인연법'을 설하리라."

"무명(無名^{진리에 대}_{한 무지})은 행(行)의 연(緣)이 되고, 행^{무명에 의한}_{충동력, 의욕}은 식(識)의 연이 되고, 식^{식별하고 판단}_{하는 인식작용}은 명색(名色)의 연이 되고, 명색^{오온五蘊}_{의 작용}은 육입(六入)의 연이 되고, 육입^{육근六根}_{의 작용}은 촉(觸)의 연이 되고, 촉^{육근六根과 육경六境과 육식六識}_{의 화합으로 일어나는 마음작용}은 수(受)의 연이 되고, 수^{괴로움이나 즐거움}_{을 느끼는 감수작용}는 애(愛)의 연이 되고, 애^{애욕}_{탐욕}는 취(取)의 연이 되고, 취^{탐욕에 의}_{한 집착}는 유(有)의 연이 되고, 유^{욕계 색계 무색}_{계의 생존상태}는 생(生)의 연이 되고, 생^{태어난다}_{는 의식}은 노사(老死)와 질병·근심·슬픔·괴로움^{여덟가지}_{괴로움}의 연이 되는 것이니라.

무명이 없어지면 행이 없어지고 행이 없어지면 식이 없어지고 식이 없어지면 명색이 없어지고 명색이 없어지면 육입이 없어지고 육입이 없어지면 촉이 없어지고 촉이 없어지면 수가 없어지고 수가 없어지면 애가 없어지고 애가 없어지면 취가 없어지고 취가 없어지면 유가 없어지고 유가 없어지면 생이 없어지고 노사와 근심·

슬픔·괴로움이 없어지는 것이니라."

"전도여, 이렇게 알아라. 모든 중생이 '열 두 인연법'을 보지 못하므로 나고 죽는 괴로움에 윤회하느니라. 만약 '열 두 인연법'을 보는 이가 있으면 그는 곧 법을 볼 것이요, 법을 보는 이는 곧 부처님을 볼 것이며 부처님을 보는 이는 곧 부처님의 성품을 보는 것이니라. 왜냐하면 모든 부처님은 이로써 성품을 삼기 때문이니라. 네가 이제 이 '열 두 인연법'을 내게서 들었으니 너는 이제 부처님의 성품을 얻어 청정한 법의 그릇이 되었노라.

내가 너를 위해 한가지 진실한 도를 말하리니, 너는 깊이 생각하여 일념(一念)으로 지키라. 일념이란 곧 보리심(菩提心)을 가리키는 말이며 보리심은 곧 대승법(大乘法)을 이름이니, 모든 부처님과 보살들이 중생을 위하기 때문에 이 일을 분별하여 삼승(三乘)으로 설하나니, 너는 마땅히 생각생각에 항상 부지런히 이 보리심을 지켜서 잊어버리지 말 것이니라. 비록 탐욕·성냄·어리석음 등 삼독(三毒)과 눈·귀·코·혀·몸·뜻의 육적(六賊)이 있어 모든 악마가 와서 침범할지라도 마침내 이 보리심은 변할 수 없느니라.

이와같이 보리심을 지킴으로 말미암아 몸이 금강 같고 마음은 허공 같아서 무너지지 아니하나니 무너지지 않기 때문에 곧 '바른 깨달음'을 얻고 또 이로 말미암아 항상 즐겁고 청정해서 무상살귀와 생로병사와 온갖 지옥의 고통에서 벗어나게 되느니라."

보광여래가 대중 가운데서 이와같은 법을 설할 때에 허공에서 귀신의 사자가 이렇게 말하였다.

"제가 일찍이 든사오니 부처님께서 이 법을 설하시면 지옥이 청정하여 연화대(蓮花臺)가 된다고 하였는데 제가 이제 귀신의 경계를 버리겠나이다" 하고 나서 전도 여인에게 이르기를 "그대가

도를 이룬 때에는 나를 제도해 달라"고 하였다.

그 때에 보광정견여래는 다시 전도여인에게 말씀하였다.

"내가 이미 너를 위하여 '열 두 인연법'을 설해 마쳤거니와 다시 '여섯 가지 바라밀(육바라밀六波羅蜜)'을 설하리니 잘 받아서 행하라.

보시하고 계율을 지키고 참고 견디며 힘써 배우고 선정을 닦으며 지혜를 얻는 것이 '여섯 가지 바라밀'이니 명심해서 행하라. 그리고 지난 세상 모든 부처님이 성불하시던 게송을 말하리라.

모든 행이 무상한 것이어서 [諸行無常]
이 또한 나고 죽는 법이니 [是生滅法]
나고 죽는 법이 없어지면 [生滅滅已]
고요한 즐거움을 누리리라 [寂滅爲樂]

이 법문을 들은 전도 여인은 마음이 환히 열려

부처님의 신통력으로써 허공에 올라 높이 일곱 다라수나 되는 곳에 편안한 마음으로 고요히 앉아 있었다.

이 무렵 한 바라문은 집안이 아주 부자여서 부러울 것이 하나도 없었는데 뜻밖에 중병이 들게 되었다. 의사에게 보이니 그의 말이 사람의 눈알을 약에 섞어서 먹어야만 병을 고칠 수가 있다고 하였다. 부자인 바라문은 곧 어린 시종을 시켜 거리로 다니면서 큰 소리로 이렇게 외치라고 하였다.

"누구든지 아픔을 참고 두 눈을 빼어 팔아 준다면 그에게 천금을 주고 창고에 있는 보배를 마음껏 쓰도록 하리라"고.

그 때 마침 전도여인이 그와 같이 외치는 소리를 듣고 마음 속으로 아주 기뻐하면서 이렇게 생각하였다.

'나는 이제 부처님에게서 「장수경」을 듣고 악업을 없애고 마음이 환히 열려 모든 불성을 깨치고, 무상살귀의 지옥 고통을 벗어나게 되었으니 마땅히 이 몸을 부수어 부처님의 자비하신 은혜를 갚으리라'고.

그리하여 전도여인은 큰소리로 불러 말하였다.

"내 나이 올해 마흔 아홉인데 나는 얼마 전에 부처님으로부터 「장수경」의 법문을 들었소. 이제 이 몸과 목숨을 부수어 「장수경」 마흔 아홉 부를 써서 모든 중생들로 하여금 받아 가지고 읽고 외우게 하고자 하니 내 눈은 정한 값이 없으므로 마음대로 주고 사 가시오."

이 때 하늘의 제석이 화해서 마흔 아홉 사람이 되어 전도 여인 앞에 나타나 이렇게 말하였다.

"내가 그대를 위해서 이 경을 쓸 것이니 그대가 본 뒤에 마음대로 눈을 파시오."

전도 여인은 천만 다행이라 여기고 뼈를 깎아

서는 붓을 만들고 몸과 살과 사지에서 피를 내어 먹을 만들어 글씨 쓰는 사람에게 주니 이레 만에 경전을 다 쓰게 되었다.

그들은 경을 다 쓰고 나서 전도 여인에게 말하였다.

"우리들은 이제 일을 다 마쳤으니 당신의 눈알을 우리에게 주면 바라문의 집에 가서 값을 받고 팔겠소."

전도 여인은 곧 전다라 '백정'을 불러 자기의 두 눈알을 빼어 마흔 아홉 사람에게 주어 가지게 하라고 당부 하였다. 전다라가 칼을 들고 눈알을 빼려고 하는 그 때 마흔 아홉 사람들은 소리를 모아 "정말 희유한 일이어라. 전도 여인이시여! 당신의 경계를 헤아릴 수가 없습니다. 뼈를 깎고 피를 내어도 얼굴 한번 찡그리는 일 없고 몸과 목숨을 아끼지 아니하고 이 경전을 써 내었으니 우리들이 어찌 눈알을 가질 수 있겠습니까?"

그들은 전도 여인을 향하여 자비스런 마음으로 말을 이었다.

"우리들은 당신의 눈알을 탐해서 바라문에게 팔진 않겠습니다. 당신이 도를 성취한 뒤에 우리를 제도해 주시기 바랄 뿐입니다. 원컨대 오는 세상에 당신과 함께 늘 한곳에 있으면서 선지식을 같이 친견하고 이 경전을 널리 펼치어 모든 고통받는 중생들을 제도코저 합니다."

이 때 '난타용왕' 등은 큰 위신력으로써 여러 가지 환술을 부려 전도의 「장수경」을 훔쳐 내어 용궁에 모셔 두고 공양하였다.

전도는 잠깐 사이에 「장수경」을 잃어버리고 눈물을 흘리면서 부처님께 아뢰었다.

"부처님이시여, 제 몸을 부수어 「장수경」을 베껴서 모든 중생에게 널리 펼치고자 하였사온데, 눈 깜짝할 사이에 어디론지 간 곳을 알 수 없으니 억울해서 견딜 수가 없습니다."

보광정견여래는 전도여인에게 말씀하였다.

"네 경은 지금 팔부 용왕이 용궁에 모셔 두고 공양하니 기뻐할 일이요 조금도 걱정할 게 아니다. 착하다 여인이여, 너는 반드시 이 공덕으로 금생에 수명이 다한 뒤에는 '무색계천'에 태어나 온갖 즐거움을 누리면서 다시는 여자의 몸을 받지 않으리라."

이 말을 듣고 전도는 부처님께 사뢰었다.

"부처님이시여, 저는 천상에 나기를 원치 아니하옵고 다만 세세생생에 늘 부처님을 뵈옵고 보리심이 물러나지 않아서 가는 곳마다 항상 모든 고통받는 중생을 위하여 이 법을 베풀어 찬양하기가 소원이옵니다."

보광여래께서 말씀하셨다.

"너의 말은 거짓이 아니니라."

"만일 저의 말이 거짓일 것 같으면, 저는 그 전과 같이 무상살귀에게 핍박을 받을 것이옵고, 진실한 마음으로 했다면 제 몸의 상한 곳이 부처님을 대하면 깨끗이 나아질 것이옵니다."

이 때 전도는 그 서원력으로써 상처가 아물어 전과 같이 되었다.

보광여래는 전도에게 말씀하셨다.

"네가 일심으로 염불하면 한 부처님 세계에서 다른 부처님 세계에 이르도록 너는 한량없이 많은 모든 부처님 세계를 죄다 볼수 있을 것이니 그것은 글이나 말로써 이야기할 바가 아니니라."

그 때 전도여인은 잠깐 사이에 무생법인(無生法印)을 얻었더니라.

여기까지 말씀하신 부처님은 모인 대중을 죽 한번 둘러보시고 문수보살을 향해서 다시 말씀을 계속하였다.

"문수여, 마땅히 알아라. 보광여래는 그 때에 내 몸이고 전도여인은 그 때의 네 몸이며, 경을 쓰던 마흔 아홉 사람은 지금 여기에 모인 새로 발심한 보살들이었느니라. 나는 한량없는 지난 세상으로부터 항상 너희들과 함께 이「장수경」을 널리 설하여 모든 중생으로 하여금 그들이 지은 나쁜 업을 죄다 없애 주었는데 이제 또 다시 설하였노라."

이 때 '파사익왕'은 밤이 깊어 왕궁에 있으면서 어떤 여인이 슬픔에 겨워 통곡하는 소리를 듣고 울적한 생각에 잠기었다. 이 깊은 궁중에서는 일찍이 이런 일이 없었는데, 어째서 저렇게 슬피 우는 소리가 들려올까 라며.

이튿날 아침, 왕은 조신을 불러 간밤에 슬피 울던 여인을 찾아 오라고 일렀다. 조신이 왕명을 받들어 이윽고 여자를 붙들어 왔다. 여자는 뜻밖에 임금님 앞에 붙들려 왔기 때문에 놀란 나머지 기절을 하고 말았다. 왕이 여인의 얼굴에 냉수를 뿌리자 여인은 이내 정신을 차렸다.

왕은 여인에게 물었다.

"그대는 어젯 밤 무슨 일로 그리 슬피 울었는가? 자세히 말하라"

여인은 슬픔에 잠긴 목소리로 말하였다.

"그것은 저만이 지닌 슬픔입니다."

"무슨 까닭에서인지 알고 싶구나. 혹시 누가 그대를 귀찮게 굴었는가?"

"제가 슬퍼하는 것은 누가 귀찮게 해서가 아닙니다. 임금님께서는 제가 드리는 말씀을 잘 들어주십시오" 하고 여인은 슬픔을 참으면서 이렇게 말하였다.

"제 나이 열네 살에 시집와서 서른 해가 되었는데 그동안 서른이나 되는 아이를 낳았습니다. 아이들마다 몸도 튼튼하고 아주 귀엽게 생긴 얼굴이었습니다. 까만 눈망울과 고사리 같은 손이며 방실거리는 웃음을 볼때 저는 모든 시름을 잊고 맙니다. 그런데 임금님, 그 귀여운 것들이 한 살도 채 되기 전에 나를 버리고들 그만 가 버린답니다. 그 막내 아이도 이제 병이 들어 죽으려 하니 이 일을 어쩌면 좋겠습니까? 어제밤 제 신세가 하도 슬퍼서 이웃이 부끄러운 줄도 모르고 대성통곡한 것입니다."

여인은 말을 채 맺기도 전에 눈물을 머금으며 다시 흐느끼었다.

여인의 말을 듣고 난 왕은 깊은 근심에 잠겼다. 이 나라의 백성들은 나를 의지하고 살아가는데 만약 내가 그들을 도와주지 않는다면 나는 어찌 이름을 왕이라 할 수 있으랴 라며.

왕은 곧 여러 신하들을 불러 함께 의논해 보기로 하였다. 왕에게는 여섯 사람의 신하가 있어 그들은 늘 왕을 가까이 받들고 있었다.

첫째는 견색(見色)이요, 둘째는 문성(聞聲), 셋째는 향족(香足), 넷째는 변재(辯才), 다섯째는 수연(隨緣), 여섯째는 이염(易染)이라고 불렀다.

그들은 임금님에게 이렇게 아뢰었다.

"어린애를 낳으면 곧 '칠성(七星)'과 '이십팔수(二十八宿)'의 단을 지어 명이 길어지기를 빌어야 그런 슬픈 일을 면하게 됩니다. 바라옵건대 대왕께서는 세상에 널리 그런 법을 알려 주옵소서."

그 때 한 지혜로운 신하가 있었는데, 그는 지난 세상에 한량없이 많은 부처님 처소에서 온갖 착한 일을 한 사람으로서 이름을 '정혜(正慧)'라 하였다. 정혜는 임금님 앞에 나아가 사뢰었다.

"임금님께서는 마땅히 아시옵소서. 방금 여섯 분이 말한 바로는 그러한 고통을 면할 수 없습니다. 지금 큰 성인이 계시는데 이름을 '고오타마 싯다르타'라고 합니다. 그 분은 스승없이 스스로 깨달아 부처님이 되셨는데, 지금 기사굴산에서 「장수경」을 설하고 계십니다.

원컨대 임금님께서는 그 곳에 가셔서 법문을 들으셨으면 합니다. 만약 이 경의 반 게송만이라도 듣는다면 백겁 천 생의 무거운 죄가 있더라도 죄다 없어지고, 모든 동자들이 이 경을 듣기만 하더라도 비록 그 뜻은 알아듣지 못한다 할지라도 이 경의 공덕으로써 자연히 오래 살게 될 것입니다."

'파사익왕'은 이렇게 말하였다.

"내가 일찍이 육사(六師)에게 들으니, '고오타마' 사문은 배운 날 수가 많지 않고 풋내기로 그 나이 어려서 만약 '고오타마'을 숭봉하는 이가 있다면 그는 바른 도를 잃을 것이라고 하더구나."

정혜는 다시 노래로써 임금님에게 사뢰었다.

"천상인간 스승이신 석가모니는
무량겁을 두고두고 고행을닦아
부처되어 법의바퀴 두루굴리되
지난세상 부처님들 그법문으로
모든중생 세운원을 어기지않네.
자비로써 중생들을 건지시오니
부처님을 뵈옵기란 눈먼거북이
바다에서 구멍뚫린 나무만나기
여섯외도 허튼수작 믿지마시고
임금님은 어서가서 법문듣소서."

이 때 '정혜'는 노래를 마치고 신통력으로써 땅에서 불끈 솟아 일곱 다라수 높이로 허공 중에 올라가 왕의 앞에서 온갖 주술을 지었다. 삽시간에 수미산과 큰 바닷물이 마음 속에 들어도 거리낌이 없었다. '파사익왕'은 이걸 보자 비로서 탄복하고.

"희유하다! 참으로 선지식이로다!"하고 정혜 앞에 나와 절을 하고 나서 "그대 스승은 과연 어떤 분이신가?"하고 물었다.

정혜는 빙긋이 웃으면서 대답했다.

"우리 스승은 석가모니 부처님이십니다. 지금 은 왕사성 기사굴산에 계시면서 「장수멸죄경(長壽滅罪經)」을 설하십니다."

왕은 이 말을 듣고 마음이 아주 기뻐서 나라 일을 잠시 '정혜'에게 맡기고 수많은 권속과 대신과 장자들과 함께 보배 수레에 싸여 기사굴 산으로 길을 떠났다.

물론 슬픔에 잠긴 여인과 그의 동자도 함께 데리고 갈 것을 잊지 않았다. 그리고 수레에는 부처님에게 올릴 꽃다발이며 여러가지 공양거리 를 가득 싣고 길을 재촉하였다. 마침내 왕사성 기사굴산에 이르자, 왕은 모든 호위를 물리치고 부처님을 일곱번 돌고 나서 합장하고 공손이 예배를 한 뒤 꽃을 흩어 공양하였다. 그리고 그 슬픈 여인의 일을 부처님에게 아뢰었다.

그 때 부처님은 '파사익왕'에게 이렇게 말씀하셨다.

"이 여인은 지난 세상에 남의 계모가 된 적이 있었는데 마음에 질투가 일어나 독약을 음식에 타서 먹게 하여 전처의 아들 서른 사람을 죽였느니라. 그래서 그 자식들이 죽으면서 저마다 서원하기를 "우리들은 세세생생에 늘 그 부인의 자식으로 태어났다가 갑자기 죽어서 여인으로 하여금 크게 비통하게 하리라"고.

그 때의 이 여인이 이제서야 내가 설한 「장수경」한 게송을 얻어 들었으니, 이 공덕으로 그 때 맺힌 원한이 영영 끊어졌느니라."

그리고 부처님은 모든 대중을 둘러보시고 말씀하셨다.

"어린애를 배었을 때에는 마왕이 곧 사대(四大) 독사와 육진(六塵) 악적을 놓아 그 몸에 머물러 있게 하니 만약 그 중에 하나라도 고루지 못하면 명근은 곧 끊어지리라 내게 다라니 주문이 있어 모든 어린애의 수명을 길게 하리니, 만약 환란이 있을때 나의 이 주문을 한번 들어 귀에 지나가게 하면 낮지 않을 병이 없고 능히 악귀들로 하여금 사방으로 흩어져 달아나게 하리라."

그리고는 주문을 말씀하셨다.

"바드미바 두미제비 해리해리 헤미제리 제라 제려 후라후려 유려유라 유려바라 바려문 제진 질빈질반서말질지나가리 사바하"

부처님은 덧붙여 말씀하셨다.

"이 다라니 주문의 구절을 만약 선남자 선여인 이 받아 가지고 읽거나 외우면, 모든 수태와

출태할 때나 어린애가 있는 곳에서 이레 낮과 이레 밤을 연설하되 향을 사르고 꽃을 흩으며 공양하고 지극한 마음으로 받아 들으면 중병과 그 전에 지은 나쁜 업장이 죄다 스러질 것이니라.”

이 때 기바라고 하는 의왕보살이 부처님 앞에 나와 말했다.

“부처님이시여, 제가 일찍이 큰 의사가 되어 온갖 병을 다스려 오고 있사온데 어린애들은 대개 아홉 가지 병으로써 그 명이 짧습니다.

그 아홉 가지란 첫째는 부모가 잉태한 뒤에도 함부로 동침하기 때문이요, 둘째는 어린애를 낳을 때에 피를 땅에 버려 지신(地神)이 떠나가고 악귀가 붙기 때문이며, 셋째는 어린애를 낳았을 적에 어린애의 배꼽 사이에 있는 여러가지 작은 독충를 씻어내지 않기 때문이요, 넷째는 깨끗한 솜으로써 어린애의 입 안에 있는 더러운 피를 씻어내지 않기 때문이며, 다섯째는 산 목숨을 죽여서

잔치하고 즐기기 때문이요, 여섯째는 산모가 거
칠거나 차고 더운 것을 함부로 먹기 때문이며,
일곱째는 어린애가 병들었을 때 고기를 먹이기
때문이요, 여덟째는 부정한 것을 보기 때문인데,
부정한 것을 보면 해산하기 전에는 산모가 죽고,
해산 후에는 어린애가 죽는 일이 있습니다. 무엇
이 부정한 것이냐 하오면, 만약 어떤 사람이 죽
은 시체를 보거나 뱀이나 그 밖에 더러운 것을
보고 산실에 들어오는 것이 부정이니 이런 때에
급히 우황이나 진주나 경면주사를 티끌만치만
갓난 아기의 가슴에 넣어두면 부정을 없앨 수 있
습니다. 아홉째는 밤에 다니다가 악귀에게 맞기
때문입니다. 이와같은 아홉 가지 일을 삼가면 죽
지 않을 것입니다.”

　이 때 천마 '파순'은 타심통으로 마궁중에서
부처님이 이 '장수멸제 호제동자다라니주문'을
설법함을 알고 마음에 크게 분노해서 악을 쓰며

몹시 못 마땅해 하였다. 마왕에게는 세 딸이 있었는데 그녀들은 아버지 앞에 나가 "부왕은 어째서 그렇게 근심하십니까?"하고 물었다.

마왕은 퉁명스럽게 대답했다.

"고오타마 사문이 지금 왕사성 기사굴산에서 한량없는 중생을 위하여 「장수경」을 설하여 펼치고 있다. 모든 중생이 오래 사는 즐거움을 누리면, 나의 세상을 침범할 것이니 어찌 화가 나지 않겠느냐. 나는 이제 모든 권속들과 마군의 병사를 거느리고 가서 쳐 부수어야겠다. '고오타마'의 설법을 그치게 할 수 없다면 나는 위력을 써서 여러 하늘과 대중의 귀를 막아 부처의 「장수경」설함을 듣지 못하게 하련다."

마왕의 세 딸들은 노래로써 아버지를 간하였다.

"천마파순 그에게는 세딸이있어
 머리숙여 부왕앞에 사뢰말하되

천상인간　스승이신　구담사문은
마군이의　힘으로도　막지못하리.

그옛날에　보리수란　나무아래서
처음으로　길상법좌　앉았을적에
우리세딸　교묘하게　단장을하니
하늘아씨　가운데서　제일이었네.

온갖모양　다부려서　유혹하여도
보살께선　움찍않고　의젓이앉아
우리세딸　보시기를　노파와같이
이제정각　이루어서　도사되셨네.

부왕께서　활을당겨　두렵게하고
모든병사　허공중을　두루돌아도
보살께선　어린이로　여기시옵고
한쪽눈도　까닥하지　않으시옵고
오늘날엔　도를이룬　법왕이시니
부왕께선　나쁜뜻을　버리옵소서."

마왕 '파순'은 딸들이 노래하는 것을 듣고 모든 권속에게 이르기를, "나는 너희들과 함께 부처님의 처소에 가서 교묘한 방편으로 부처님에게 항복하노라 하고, 그래서 만약 우리를 믿게 되면 온갖 마군의 힘으로써 이 경을 막으리라" 하고 곧 권속들과 함께 부처님에게 나아가, 부처님을 일곱 번 돌고나서 사루어 말했다.

"부처님이시여, 설법하시기에 고되지 않습니까? 제가 이제 모든 권속들을 거느리고 와서 「장수경」을 듣고 부처님의 제자가 되려 합니다. 원컨대 부처님께서는 저의 소원을 버리지 마옵소서."

부처님은 마왕의 속마음을 빤히 들여다 보시고 꾸짖어 말씀하셨다.

"네가 너희 본궁에서는 분노심을 내었다가 여기 와서는 거짓으로 공손한 체하니, 불법 가운데서는 간사함을 용서하지 않노라."

마왕 '파순'은 부끄러워 얼굴이 빨개 가지고 말했다.

"부처님이시여, 저는 실로 어리석은 계교와 간사한 짓으로 부처님을 속이려 했습니다. 바라옵건대, 부처님께서는 자비심으로써 저의 허물을 용서해 주소서.

저는 이제 '장수경 호제동자다라니주문'을 얻어 듣고 이러한 서원을 세우겠나이다. 만일 말세에 이 경을 받들고 쓰거나 독송하는 곳이 있으면 저는 반드시 옹호하여 나쁜 귀신들로 하여금 훼방하지 못하게 하겠습니다. 그리고 설사 지옥에 떨어질 죄인이라도 잠깐동안 이 경을 생각하면 제가 큰 신통력으로써 큰 바닷물을 길어다가 뿌려서 지옥으로 하여금 연화대 연못이 되게 하겠습니다."

이 때 또 날아다니는 '나찰'과 아이를 잡아먹

는 '나찰'들이 상수가 되어 그들의 수많은 권속들을 거느리고 공중에서 내려와 부처님 둘레를 천번이나 돌고 나서 부처님께 사루었다.

"부처님이시여, 제가 한량없는 오랜 적부터 나찰의 몸을 받아, 저에게 딸린 무리들이 헤아릴 수도 없이 많은데, 늘 굶주림에 시달려서 태아거나 갓난아이의 피와 살을 먹었습니다.

저희 무리들은 모든 부부들이 동침할 때를 기다렸다가 그 정혈을 빨아먹어 잉태할 수 없게도 만들며, 혹은 잉태하면 저도 따라 들어가 태를 상하게 해서 피를 먹기도 하며, 아이가 난지 이레 안에 저희들은 오로지 그 명근이 끊어지기를 기다리기도 하고, 열살이 되도록 저희 무리는 온갖 악독한 벌레로 화하여 동자의 몸 속에 들어가, 그 오장에 있는 정기와 피를 빨아 먹어 동자로 하여금 앓다가 마침내는 명근이 끊어지도록 해 왔습니다.

부처님이시여, 저희들이 이제 부처님께서「장수멸죄호제동자경」설하심을 듣고 부처님의 가르침을 받들어 저희 무리가 굶주림에 못견딜지라도 이제는 결코 먹지 않겠습니다.”

부처님은 나찰들에게 말씀하셨다.

“너희들이 나의 금지한 계를 받는다면, 너희로 하여금 그 나찰의 몸을 버리고 천상에 나서 즐거움을 누리게 하리라.”

부처님은 다시 대중을 둘러 보시고 말씀을 이으셨다.

“만약 어떤 동자가 병을 앓게 된다면 그 어미는 젖을 조금 짜서 허공 중에 뿌려서 모든 나찰들에게 먹이고, 청정한 마음으로 이「장수멸죄다라니경」을 써서 독송하면 병은 곧 나으리라.”

이 때 나찰의 무리들은 기뻐 어쩔 줄 몰라하면서 부처님께 아뢰었다.

“천상에 나게 된다면 저희들은 결코 모든 동자의

젖을 한 방울이라도 먹지 않겠습니다. 차라리 쇳덩이를 먹을지언정 결코 모든 동자의 피를 먹지 않겠습니다. 부처님께서 열반에 드신 뒤 이 경을 잘 독송하며 받들어 모시는 이를 혹시 악인이 있어 이 법사를 괴롭히거나 악귀가 모든 동자를 괴롭게 하거나 한다면, 저희들은 마땅히 부처님의 금강저를 잡아 옹호해서 악귀들을 내몰겠습니다."

이 때 또 모든 하늘과 용과 팔부의 왕들이 각기 많은 권속과 함께 부처님께 예배하고 한 마음으로 합장하여 이같이 말했다.

"부처님이시여, 저희들은 이제부터 나는 곳마다 만약 어떤 비구·비구니·신남·신녀가 이 경을 받아 가지거나 쓰거나 하면 저희 권속은 늘 그곳에 가서 마땅히 호위하고 악귀들을 좇아버릴 것이며, 만약 어떤 악귀가 중생들을 병고로써 괴롭히거나 할 때 이 경을 써 가지면 저희들 여러 왕이 모든 악귀들을 설복시켜 횡사하는 괴롬을 더하지 못하게 하겠습니다."

이 말이 끝나자 땅을 맡은 '뇌고지천(牢固地天)'이 자리에서 일어나 다음과 같이 말했다.

"부처님이시여, 만약 부처님의 제자가 이 「장수멸죄호제경」을 받아지니면 저희들 지신은 항상 땅의 정기로써 그를 튼튼하게 하여서 그 몸의 수명을 늘게 할 것이며 우리들은 항상 여러가지 금은과 온갖 곡식을 풍족하게 주어서 이 신심 있는 사람으로 하여금 조금도 아쉬운 것이 없이 근심과 걱정을 덜어주고, 항상 기뻐서 좋은 복전을 얻게 하고 악귀들로 하여금 그 명근을 끊지 못하게 할 것입니다. 만약 어린애가 난 지 이레가 되면 저희들 '지신'이 옹호해서 단명하지 않게 하겠습니다."

이 때 대중 가운데 있던 금강력사도 일어나 부처님께 거듭 사루었다.

"세존이시여, 여래께서 이 '장수멸죄호제다라니주경'을 설하시니 모든 시주들도 그들의 권속과 함께 발심하여 이 경을 지니고 독송하며 써서 널리 펼치기에 게으르지 않습니다.

제가 부처님에게서 듣사오니 길상한 글귀인 큰 신주(神呪) 설함을 만약 중생들이 한번이라도 듣는다면 백겁 천생을 두고 단명하지 않아서 수명이 한량없고 병고가 없으리라고 하셨습니다. 비록 악마가 있더라도 괴롭힐 수 없으며, 수명이 늘어나서 백 스무 살이 되도록 늙거나 죽지 않을 것입니다. 모든 부처님 제자들이 근심이 있거나 중병에 들었을 때, 이 주문을 들으면 모든 귀신들에게 목숨을 빼앗기는 일이 저절로 없어질 것입니다." 이와같이 말하고 나서 금강력사는 다음과 같은 주문을 설했다.

"다디야타 전달리 전달라비제 전달라마 훔 전달라발제 전달라불리 전달라사이 전달라지리 전달폐양 전도루 전달라바라자 전달라물달리 전달라바디이 전달라바양 전달라카기 전달라노기 사바하"(3번)

부처님께서 금강력사에게 말씀하시기를

"착하고 착하다 금강력사여! 네가 이제 모든 동자를 보호하는 길상한 신주(神呪)를 설하였으니 너는 마땅히 모든 중생의 큰 도사(導師)가 되리라"고 하셨다.

부처님은 문수보살을 향해서 말씀하셨다.

"문수여, 마땅히 알아라. 이와같은 신주는 과거 모든 부처님의 회상에서도 설하여 인간과 천상의 수명을 늘이고 모든 죄와 나쁜 생각을 없애며, 경전 가지는 사람들을 지켜서 그 수명을 이어가게 하였더니라.

문수여, 내가 열반한 뒤 흐리고 악한 세상에서 만약 어떤 비구가 나의 계를 파하여, 비구니와 여러 처녀들과 가까이 지내며, 두 사미와 함께 술을 마시거나 고기를 먹고 음란한 짓을 하여, 모든 신도들에게 경멸을 받아 나의 법과 경전이 세속인들에게 더럽힘을 당하게 되어도 부끄러워 하는 마음이 없다면 그는 나무나 돌과 같으리니 이런 무리들은 오욕죄인이지 결코 내 제자가 아니니라. 이들은 마군의 권속이니 그 이름이 육사(六師)이니라.

이와같은 비구들은 현세에 단명한 보를 받으며 비구니들도 또한 그러하리라. 그러나 만약 진심으로 참회하고 다시 그와 같은 허물을 짓지 않고 이 경을 받아 지닌다면 곧 오래 살게 되리라.

문수여, 그리고 내가 열반한 뒤 흐리고 악한 세상에서 만약 어떤 보살이 남을 비방하고 자기가 착하노라고 뽐내며 대승경전을 남에게 전해주지 않으면 이와같은 보살은 마군이의 권속이지 참된 보살이 아니니라. 그러나 만약 지극한 마음으로 이 경을 받아 지니고 쓰거나 독송하면 곧 모든 부처님과 같이 무너지지 않는 의젓한 몸을 얻으리라.

문수여, 내가 열반한 뒤 흐리고 악한 세상에서 만약 어떤 나라의 임금이 부모를 살해하고 육친을 죽이며, 국법에 의지하지 않고 군사를 일으켜 남의 나라를 함부로 침략하거나, 간하는 충신들을 형벌하고 음란한 짓을 마음대로 해서 선왕의 법을 어기며 탑을 깨뜨리거나 절을 헐고 경전과 불상을 불태우거나 하면 가뭄이 들거나 홍수가 지고 왕도가 없으므로 인해서 백성들이 주림과 병으로 죽게 되는 것이다.

이와같은 임금은 현세에는 단명하고 죽어서는 아비지옥에 떨어지리라. 그러나 만약 이 경을 베껴서 널리 펼치고 지극한 마음으로 참회하여 선왕의 법을 의지하면 곧 오래 살게 되리라.

또 내가 열반한 뒤 흐리고 악한 세상에서 만약 어떤 대신이나 관리들이 나라의 녹을 받아 먹으면서도 청렴하거나 충성이 없고, 나라의 법대로 행하지 아니하며 백성을 학대하고 죄도 없는 사람들을 함부로 죽이며, 남의 재물을 빼앗고 경전을 가볍게 여기며 대승법을 방해하거나 하면 이와같은 무리들은 현세에는 단명하고 마침내는 아비지옥에 떨어져 헤치고 나올 기약이 없느니라, 그러나 만약 진심으로 참회하고 이 경을 받아 지니고 쓰거나 독송하면 길이 하늘의 녹을 받게 될 것이다.

내가 열반한 뒤 흐리고 악한 세상에서 만약 어떤 남자 신도나 여자 신도가 사견을 믿고 정법과 대승경전을 믿지 아니하면, 그들은 비록 한량없는 금은 보배를 가지고 있더라도 만족할 줄 모르고 다만 재물 구하기에 급급하여 보시로써 모든

빈곤한 이를 구하려는 생각도 하지 않으며, 십이
부 경을 베끼지 않고, 지니거나 독송하여 악도의
괴롬을 면하려고도 하지 않느니라. 이와같은 무
리들은 집이 기울고 뱀이 집안에 들어와 살게 되
며, 개가 지붕에 오르고 쥐 울음 소리가 그칠 새
없으며, 들에 사는 사나운 짐승들이 집에 들어오
고, 온갖 귀신들이 눈에 보이므로 마음이 어지럽
고 그 때문에 단명하리라. 그러나 만약 이 경을
받아 지니고 널리 펼쳐 독송케 하면 곧 이런 괴
변이 사라지고 오래 살게 되리라.

　내가 열반한 뒤 흐리고 악한 세상에서 모든 중
생들이 남녀의 관계가 이루어진 뒤에는 서로 생
각하고 못잊어하므로 마음에 병을 얻게 되리라.
왜냐하면 남자는 장성해서 병역을 치루어야 하
니 이와같은 국법에 몸이 얽매이면 부모들은 걱
정한 나머지 마음에 병이 되고 또 여자는 장성하
여 남의 집에 출가하여 혹시 남에게 잘 못 보이

지나 않을까 부부의 도를 어기지나 않을까 부모들은 온갖 근심 걱정이 쌓여 병이 되므로 현세에 단명하게 되리라. 그러나 만약 이 경을 쓰거나 지니면 오래 살게 되고, 경의 힘으로 서로 화목하여 마음에 병이 없어지리라.

내가 열반한 뒤 흐리고 악한 세상에서 모든 중생이 자비스런 마음이 없이 산 목숨을 해치면 모든 중생의 열가지 고기를 먹는 것과 같으리라. 문수여, 마땅히 알아라, 그것은 부모를 죽이는 것과 같고 육친을 먹는 것과 같아서 혹은 목숨을 죽임으로써 또한 태를 상하게도 되니 이렇기 때문에 현세에 단명하며, 혹은 부부끼리 잠을 잘 때에 악독한 나찰 귀신이 그 태를 먹어 자식을 없게 하니라. 그러나 만약 이 경을 쓰거나 받아지니면 곧 그러한 고통에서 벗어나게 되리라.

내가 열반한 뒤 흐리고 악한 세상에서 모든 중생은 지난 세상의 일을 알지 못하고 잠깐 사람

몸 받는 것을 기쁘게만 여겨 서로 비방하거나 권세를 믿고 온갖 나쁜 마음을 일으켜 남의 목숨을 해치고 대승경전을 믿지 않고 교만을 부리니 이런 사람은 현세에 단명하리라. 그러나 만약 지극한 마음으로 참회하고 그 마음을 착하게 가져서 이 경을 써서 가지거나 독송하면 이 선근 공덕으로 오래 살게 될 것이며 설사 병환에 걸릴지라도 죽지는 않을 것이다.

내가 열반한 뒤 흐리고 악한 세상에서 모든 중생이 왕의 명령이나 부모의 가르침으로 다른 나라에 가거나, 또는 위험한 길에 장사를 다니면서 온갖 보배를 구해 돈을 벌게 되면 교만심을 내어 주색잡기에 빠져 나쁜 벗을 사귀며, 왕명이나 부모의 타이름을 듣지 아니하여 마침내는 몸과 목숨을 망치게 되느니라.

그러나 만약 이 경을 써서 널리 서원을 세우면 모든 악적이 죄다 물러가 흩어지며 기쁜 마음을

내어 온갖 독한 짐승이 해치지 못해서 몸과 마음
이 안온하고 돈과 보배를 많이 얻으며 이 경의
공덕으로 오래 살게 되리라.

내가 열반한 뒤 흐리고 악한 세상에서 모든 중
생이 악업을 많이 짓기 때문에 죽어서는 지옥에
떨어지고, 지옥에서 나와서는 짐승의 몸을 얻게
되리라. 설사 사람의 모양을 하고 있을지라도 육
근이 원만하지 못해서 귀가 먹거나 말을 못하거
나 걷지 못하는 병신이 될 것이며 혹은 여자의
몸이 되어 경문을 알지도 못하고 설사 남자가 되
었더라도 악업만 짓기 때문에 우둔하고 총명하
지 못해서 이 「장수경」 같은 것을 가려 읽지는
못하며, 마음에 근심과 걱정이 생겨 마침내는 병
이 될 것이니 그러한 병 때문에 현세에는 단명할
것이니라.

그러나 만약 선지식으로 하여금 이 경을 쓰게
하되 처음부터 끝까지 일심으로 받들어 지성으로

쓴다면 그 공덕이 한량없을 것이고 이와같은 악업을 다시는 짓지 않는다면 이 사람은 현세에 는 오래 살게 되리라.

문수여, 내가 열반한 뒤 흐리고 악한 세상에서 만약 어떤 중생이 죽은 뒤에 칠일이나 혹은 사십 구일을 두고 죽은 이를 위해서 모든 복을 지으면, 그 공덕의 칠분 가운데서 죽은 이가 얻을 것 은 그중 일분밖에 되지 않으리라.

만약 살아 있을 때 사십 구일 동안을 집안 일을 멈추고 이 경을 써서 향이나 꽃으로 공양하되 부처님이나 큰 스승님을 청하여 생칠재(生七齋)를 베 풀면 그 얻은 공덕이 헤아릴 수도 없이 많아서 이 사람은 현세에 오래 살게 되고, 영영 삼악도 의 고통을 여의게 되며, 죽은 이의 몸에 딸린 재 산으로 복을 짓는다면 칠분을 다 갖게 되리라.

내가 열반한 뒤 흐리고 악한 세상에서 모든 중 생이 효도하지 않고 오역죄를 범하며 자비스런 마음이 없어 부모와 친척들의 은혜를 모르고, 어진 사람을 시기하며 나쁜 짓을 많이 하면 병을 퍼뜨리는 귀신의 왕이 악귀를 불러 모진 병에 들게 하느니라. 만약 정월 초하룻날 향을 사르고 꽃을 흩으며 청정한 마음으로 이 경을 쓰며 법사를 청해서 이레 동안을 청결히 하고 독송하면, 이 선근공덕으로써 드디어 질병이 나아서 오래 살게 되리라.

그리고 내가 열반한 뒤 흐리고 악한 세상에서 중생들이 박복해서 그 겁을 면하고자 한다면 칠일기도를 하라. 칠일기도가 없으면 국왕이 무도하고 하늘에는 가뭄이 심해서 땅에 있는 초목과 곡식들이 시들어 죽으려 하리니, 이 때 국왕과 모든 백성들이 이 경전을 받아 지니고 독송하면, 난타용왕과 발난타용왕들이 중생을 불쌍히 여겨 큰 바닷물을 끌어 올려 단비를 내려서 온갖 초목과 곡식을 싱싱하게 할 것이며, 중생들은 이 경의 위력으로써 오래 살게 되리라.

내가 열반한 뒤 흐리고 악한 세상에서 모든 중생이 말과 저울눈을 속여 옳지 못하게 재물을 얻으면, 그 죄업으로써 죽어서 지옥에 떨어지고 지옥에서 나오면 온갖 축생의 몸을 받게 되리라.

만약 어떤 보살마하살이 자비스런 마음으로 축생의 무리를 위하여 그들 앞에서 이 경전을 읽어 한번만이라도 귀에 지나게 한다면 이 경전의 위신력(威神力)으로 죄다 해탈해서 이러한 무리들은 천상에 나서 즐거움을 누리리라. 어떤 보살이 자비한 마음이 없이 널리 이 경전을 설하지 아니하면 그는 부처님의 제자가 아니요, 마군이의 권속이니라.

내가 열반한 뒤 흐리고 악한 세상에서 모든 중생들이 거만한 생각을 일으켜 경전을 믿지 아니하고 정법을 헐어 비방하여 설법하는 곳이 있을지라도 들을 마음이 없다면 이 죄업으로써 현세

에는 단명하고 죽어서는 모든 지옥에 떨어질 것
이니, 만약 이「장수경」을 강설하는 곳이 있어
모든 중생이 가서 듣거나 남을 권하여 자리를
나누어 함께 앉거나 하면, 이 사람은 부처님의
제자로서 오래 사는 기쁨을 얻고 악도에 떨어지
지 아니하리라.

문수여, 그리고 내가 열반한 뒤 모든 여인들이
몸에 잉태하고서 산 목숨을 죽이거나 새 짐승의
알을 먹거나 자비한 마음이 없으면, 현세에 단명
보를 받고 해산할 때에는 난산의 괴로움을 받으
리라. 난산 때문에 그 명이 짧아질 것이니, 여기
에는 선지식이 아니면 널리 서원을 세워서 이 경
을 쓰면 곧 해산이 순조롭고 온갖 재앙이 없어지
고, 모자가 다 편안하여 사내아이나 계집아이나
원하는 대로 낳으리라.”

여기까지 말씀하시고 나서 부처님은 대중을 죽

한번 둘러보셨다. 그리고 다시 문수보살에게 말씀하셨다.

"내가 방금 장수멸죄경과 열 두 인연법을 설한 것은 과거 모든 부처님과 같이 설한 것이니, 만약 중생들이 받아 지니고 독송하면 그 복이 한량없고 수명이 백 스물을 채우고 임종할 때에도 모든 고통을 받지 않으리라. 부처의 성품 때문에 금강과 같이 단단한 모든 부처의 몸을 얻고 고요하고 청정하여 생각마다 견고하리라. 그리고 항상 관세음보살과 대세지보살이 오색 구름 속에 흰 코끼리를 타고 연화대에서 염불하는 사람을 맞아들여 부동국(不動國)에 나게 하여 저절로 기쁨을 누리고 팔난을 면하리라.

문수여, 마땅히 알아라. 어리석은 중생이 알지 못하는구나, 수명이 짧기가 튀는 불꽃 같고 물 위에 뜬 거품이나 번개불 같은 것인데 어찌 이런 가운데서 놀라지 않고 두려워하지 아니하며 재물을 탐하는 것일까? 어찌 이런 가운데서 주색에 탐착하며 질투심을 내고 화를 내는 것일까?

이와같이 생사가 흐르는 물결 같은 것이어서 모든 부처님과 보살들은 열반의 언덕에 건너 가는 것인데 범부 중생들은 윤회의 바다에 빠져 있다가 어느 때고 무상살귀가 들이닥치면 비록 한량없는 금·은과 재산이 있더라도 목숨을 구할 수는 없는 것이니라.

중생들은 모름지기 이 몸뚱이를 보고 생각하라. 이 몸은 독사 같아서 항상 많은 짐승을 잡아 먹고 이 몸뚱이는 더러운 냄새를 피우면서 탐욕이 지옥에 얽혀 있고 이 몸은 죽은 개와 같으며 이 몸은 깨끗하지 못해서 아홉 구멍으로는 항상 더러운 것을 흘리며, 이 몸은 성과 같아서 나찰귀가 그 안에서 살며, 이 몸은 오래지 않아서 까마귀나 주린 개의 밥이 될 것이니라.

모름지기 이 더러운 몸뚱이에 집착하지 말고

청정한 보리심을 구하라.

이 몸뚱이를 한번 자세히 보라, 목숨이 끊어질 때에 식은땀이 흐르고 양손으로는 허공을 허위적거리며 괴롬을 견디지 못하다가 명근이 다하면 하루 이틀이 지나 닷새에 이르러 부증이 나고 살 빛이 청혹 같아서 살 썩는 물이 흘러서 부모와 처자들도 한결같이 보기를 싫어하지 않더냐. 시체가 땅 속에 묻힌 뒤에는 두골과 다리뼈·허리뼈·등뼈 같은 것은 제멋대로 흩어지고 몸뚱이와 살과 내장 같은 것이 더러운 벌레 집이 되어버리니, 어찌하여 이런 속에서 '나'라고 할 것이 있겠느냐! 살아 있을 때에는 금은 보배와 돈이 금고에 가득하더라도 한번 죽어버린 뒤이면 무슨 소용이 있으랴.

중생들이 이러한 괴로움을 벗어나고자 하려면 마땅히 재물과 처자와 이 몸뚱이를 돌보지 말고, 이 경전을 써서 지니고 독송하여 모든 부처님의 비밀한 장경인 열 두 인연법을 널리 세상에 펼쳐서 공양하면 생각생각에 성취하여 반드시 바른 깨달음을 얻어 마침내 단명과 횡사에서 벗어나리라."

부처님이 대중 가운데서 이 열 두 인연의 불성 법문을 설하실 때에 거기에 모인 비구·비구니와 신남신녀와 천룡 팔부와 파사익왕과 거기 딸린 수많은 권속들이 모두 삼먁삼보리인 무생법인을 얻어, 처음 보는 일이라고 찬탄하고 한마음으로 예배하며 기쁘게 받들어 행하느니라.

부록

지장기도
그리고
영가천도

- 지장보살 예불문
- 지장보살 예참문
- 정토왕생 천도진언
- 영가축원문
- 태아영가 축원문
- 지장경과 지장기도
- 장수멸죄경과 태아영가천도

지장보살 예불문 禮佛文

※ 가정에서 지장보살님을 따로 모지지 않았더라도 사진
이나 경전으로 대신하여 예불을 모시면 됩니다.

스님 **다게**(茶偈 불보살님께 공양드리는 헌다 게송) ※ 새벽예불 · 사시공양 시
청수공양 올릴 때 사용

아금청정수　변위감로다　봉헌지장전
我今淸淨水　變爲甘露茶　奉獻地藏前

원수애납수　원수애납수
願垂哀納受　　願垂哀納受

원수자비애납수
願垂慈悲哀納受

제가 이제 청정수를 감로차 삼아
우러러 지장전에 올리옵나니
원하옵건대
어여삐 여기시사 거두어 주옵소서.
어여삐 여기시사 거두어 주옵소서.
어여삐 여기시사 자비로써 거두어 주옵소서.

대중 **헌향진언**(獻香眞言 향공양 올리는 진언) ※ 저녁예불 시 청수공양을
올리지 않을 때 사용

『옴 바아라 도비야 훔』(3번)

지심귀명례 지장원찬 이십삼존 제위여래불
至心歸命禮 地藏願讚 二十三尊 諸位如來佛

지심귀명례 유명교주 지장보살마하살
至心歸命禮 幽冥敎主 地藏菩薩摩訶薩

지심귀명례 좌우보처 도명존자 무독귀왕
至心歸命禮 左右補處 道明尊者 無毒鬼王

지극한 마음으로 지장원찬 이십삼존 부처님께
　　　지심귀명하옵니다.
지극한 마음으로 유명교주 지장보살 마하살께
　　　지심귀명하옵니다.
지극한 마음으로 좌보처 도명존자 우보처
　　　무독귀왕께 지심귀명하옵니다.

지장대성위신력　　항하사겁설난진
地藏大聖威神力　　恒河沙劫說難盡

견문첨례일념간　　이익인천무량사
見聞瞻禮一念間　　利益人天無量事

고아일심 귀명정례
故我一心 歸命頂禮

지장보살 큰성인의 위신력은 항하사겁 설하여도 다함없고
보고듣는 일념동안 예배해도 인간천상 이익한일 한량없네
저희들이 일심으로 귀명정례하옵니다.

지장보살 예참문禮懺文

※ 예참문이란 부처님을 공경하며 예배하는 예경(禮敬)
과 자신의 업장을 소멸할 것을 기원하며 올리는 참회
(懺悔)의 뜻을 함께 지닌 의식문을 말이다.

(무릎꿇고 합장하며)

저희들이 엎드려서 정성 다하여

향로 위에 향 한 촉 사르옵나니

향내음이 온 법계에 두루 펼쳐지고

이 땅에서 불국토까지 널리 흩어지어

곳곳마다 상서로운 구름 피어 오르나니

저희들의 지극한 마음 굽어살피사

가없는 자비로 이 도량에 함께 하소서.

지심귀명례 시방법계 상주삼보 (절)
至心歸命禮 十方法界　常住三寶

『**나무 지장왕보살 마하살**』(3번)
南無　地藏王菩薩　摩訶薩

가없는 자비와 원력을 갖추신 보살께서는
미묘하온 온갖 공덕 두루 갖추시어
대해탈의 큰 보배를 나투시며
보살들의 맑고 밝은 안목되시니
거룩한 지장보살 성인께서는
고통바다에 떠도는 모든 생명들
열반으로 이끄시는 길잡이어라.

온갖 보배의 비를 뿌려주는 여의주처럼
구하는 그 모두를 만족하게 하나니
유명교주 지장보살마하살 대성인은
온갖 보배를 고루 갖춘 섬이시오며
모든 선근 자라게 하는 좋은 복밭이오며
큰 해탈의 기쁨을 담는 그릇이오며
신묘한 공덕을 내는 화수분이어라.

유명교주 지장보살 대성인은

착한 이를 비춰주는 햇살이시며
타는 번뇌 식혀주는 달빛이시며
번뇌의 도적 깨뜨리는 날카로운 칼이시며
더운 여름 나그네의 정자나무이며
다리 없는 사람에게 수레와 같고
머나먼 길 가는 이의 식량이 되시며
길을 잃은 나그네의 길잡이가 되시며
미친 사람 마음 잡는 묘한 약이며
병들어 아픈 사람에게 의사이시며
늙은이들 의지하는 지팡이시며
고달픈 이 쉬어가는 평상이시며
생로병사 건네주는 다리이시며
정토세계 나아가는 뗏목이어라.

원력 크옵신 지장보살 마하살께옵선
세 가지 선근 두루 닦는 공덕의 몸이시며
생사장애로 가로막힌 중생들에게

무량공덕을 수레바퀴 구르듯 항상 베푸시며
청정계행 견고함은 수미산과 같고
용맹정진 불퇴전은 금강보배 같고
안온하고 부동하기 큰 땅 같으며
정밀하온 대선정은 비밀장 같으며
화려하기가 삼매의 장엄 꽃다발과 같고
깊고 넓은 큰 지혜는 바다와 같으며

농사짓는 이에게 단비가 되고
탁한 물 맑힘에는 월애주 되어
중생의 모든 선근 보살피시고
묘한 경계 나타내어 즐겁게 하며
복과 지혜 구하는 이가 갖추게 하며
번뇌를 씻어주심 폭포수 같고
산란심을 거두기는 삼매경계 같고
걸림없는 큰 변재는 수차와 같아라.

깊은 삼매 부동함은 큰 땅 같으며

인욕에 안주함은 수미산 같고
온갖 법을 끌어안음은 바다 같으며
대신통이 자재함은 허공 같으며
햇살이 흰 눈 녹이듯 미혹 없애고
선정도와 지혜섬에 항상 노닐며
굴림없이 큰 법륜을 항상 굴리는
빼어나고 크신 공덕 헤아릴 수 없네.

오래 닦아 견고한 크나큰 원과
큰 자비와 정진해서 얻은 공덕이
물듦 없고 집착 없음 허공 같으며
묘한 과보 가까움은 꽃잎 같고
모든 외도 조복함은 사자왕이며
모든 마군 굴복함은 용과 코끼리 같고
번뇌의 도적 모두 베는 신검 같고
번잡함을 멀리함은 독각 같고
번뇌의 때를 씻어줌은 맑은 물 같으며

모든 악취 없애줌은 시원한 바람 같고
온갖 묶임 끊어주심은 칼날 같으며
온갖 공포 막으심은 아버지 같고
온갖 원수 물리침은 성곽 같으며
온갖 액난 구하심은 어버이 같고
겁 많은 이 숨겨줌은 숲과 같아라.

거룩한 지장보살 성인께서는
목마른 사람에게 청량수가 되고
굶주린 사람에게 과실이 되며
헐벗은 사람에게 의복이 되고
더위에 지친 사람에게 큰 구름 되며
가난한 사람에게 여의보 되고
두려워 떠는 이에 의지처 되며
일체보살 뛰어넘어 견줄 수 없네.

잠시라도 쉼 없이 귀의하여서
염불하고 예불하고 공양하올 때

지장보살 큰 원력의 성인께서는
모든 중생 온갖 고통 여의게 하며
온갖 소원 지체없이 거둬 주시어
열반길에 남김없이 들게 하시니
이 제자는 지성으로 목숨들어
지장보살 대성인께 예배합니다.

지심귀명례 본사 석가모니불 (절)
至心歸命禮 本師 釋迦牟尼佛

지심귀명례 극락세계 아미타불 (절)
至心歸命禮 極樂世界 阿彌陀佛

지심귀명례 사자분신구족만행불 (절)
至心歸命禮 獅子奮迅具足萬行佛

지심귀명례 각화정자재왕불 (절)
至心歸命禮 覺華定自在王佛

지심귀명례 일체지성취불 (절)
至心歸命禮 一切智成就佛

지심귀명례 청정연화목불 (절)
至心歸命禮 淸淨蓮華目佛

지심귀명례 무변신불 (절)
至心歸命禮 無邊身佛

지심귀명례 다보불 (절)
至心歸命禮 多寶佛

지심귀명례 보승불 (절)
至心歸命禮 寶勝佛

지심귀명례 파두마승불 (절)
至心歸命禮 波頭摩勝佛

지심귀명례 사자후불 (절)
至心歸命禮 獅子吼佛

지심귀명례 구류손불 (절)
至心歸命禮 拘留孫佛

지심귀명례 비바시불 (절)
至心歸命禮 毗婆尸佛

지심귀명례 보상불 (절)
至心歸命禮 寶相佛

지심귀명례 가사당불 (절)
至心歸命禮 袈裟幢佛

지심귀명례 대통산왕불 (절)
至心歸命禮 大通山王佛

지심귀명례 정월불 (절)
至心歸命禮 淨月佛

지심귀명례 지승불 (절)
至心歸命禮 智勝佛

지심귀명례 정명왕불 (절)
至心歸命禮 淨名王佛

지심귀명례 지성취불 (절)
至心歸命禮 智成就佛

지심귀명례 산왕불 (절)
至心歸命禮 山王佛

지심귀명례 무상불 (절)
至心歸命禮 無上佛

지심귀명례 묘성불 (절)
至心歸命禮 妙聲佛

지심귀명례 만월불 (절)
至心歸命禮 滿月佛

지심귀명례 월면불 (절)
至心歸命禮 月面佛

지심귀명례 오십삼불 (절)
至心歸命禮 五十三佛

지심귀명례 진시방 삼세 일체제불 (절)
至心歸命禮 盡十方 三世 一切諸佛

지심귀명례 지장보살본원경 (절)
至心歸命禮 地藏菩薩本願經

지심귀명례 대승대집지장십륜경 (절)
至心歸命禮 大乘大集地藏十輪經

지심귀명례 점찰선악업보경 (절)
至心歸命禮 占察善惡業報經

지심귀명례 진시방 삼세 일체존법 (절)
至心歸命禮 盡十方 三世 一切尊法

지심귀명례 입능발지정 지장보살 (절)
至心歸命禮 入能發智定 地藏菩薩

지심귀명례 입구족무변지정 지장보살 (절)
至心歸命禮 入具足無邊智定 地藏菩薩

지심귀명례 입구족청정지정 지장보살 (절)
至心歸命禮 入具足淸淨智定 地藏菩薩

지심귀명례 입구족참괴지정 지장보살 (절)
至心歸命禮 入具足慚愧智定 地藏菩薩

지심귀명례 입구족제승명정 지장보살 (절)
至心歸命禮 入具足諸乘明定 地藏菩薩

지심귀명례 입무우신통명정 지장보살 (절)
至心歸命禮 入無憂神通明定 地藏菩薩

지심귀명례 입구족승통명정 지장보살 (절)
至心歸命禮 入具足勝通明定 地藏菩薩

지심귀명례 입보조제세간정 지장보살 (절)
至心歸命禮 入普照諸世間定 地藏菩薩

지심귀명례 입제불등거명정 지장보살 (절)
至心歸命禮 入諸佛燈炬明定 地藏菩薩

지심귀명례 입금강광정 지장보살 (절)
至心歸命禮 入金剛光定 地藏菩薩

지심귀명례 입전광명정 지장보살 (절)
至心歸命禮 入電光明定 地藏菩薩

지심귀명례 입구족상묘미정 지장보살 (절)
至心歸命禮 入具足上妙味定 地藏菩薩

지심귀명례 입구족승정기정 지장보살 (절)
至心歸命禮 入具足勝精氣定 地藏菩薩

지심귀명례 입상묘제자구정 지장보살 (절)
至心歸命禮 入上妙諸資具定 地藏菩薩

지심귀명례 입무쟁지정 지장보살 (절)
至心歸命禮 入無諍智定 地藏菩薩

지심귀명례 입구족세로광정 지장보살 (절)
至心歸命禮 入具足世路光定 地藏菩薩

지심귀명례 입선주승금강정 지장보살 (절)
至心歸命禮 入善住勝金剛定 地藏菩薩

지심귀명례 입구족자비성정 지장보살 (절)
至心歸命禮 入具足慈悲聲定 地藏菩薩

지심귀명례 입인집제복덕정 지장보살 (절)
至心歸命禮 入引集諸福德定 地藏菩薩

지심귀명례 입해전광정 지장보살 (절)
至心歸命禮 入海電光定 地藏菩薩

지심귀명례 이제정력제도병겁 지장보살 (절)
至心歸命禮 以諸定力除刀兵劫 地藏菩薩

지심귀명례 이제정력제질병겁 지장보살 (절)
至心歸命禮 以諸定力除疾病劫 地藏菩薩

지심귀명례 이제정력제기근겁 지장보살 (절)
至心歸命禮 以諸定力除饑饉劫 地藏菩薩

지심귀명례 현불타신 지장보살 (절)
至心歸命禮 現佛陀身 地藏菩薩

지심귀명례 현보살신 지장보살 (절)
至心歸命禮 現菩薩身 地藏菩薩

지심귀명례 현독각신 지장보살 (절)
至心歸命禮 現獨覺身 地藏菩薩

지심귀명례 현성문신 지장보살 (절)
至心歸命禮 現聲聞身 地藏菩薩

지심귀명례 현대자재천신 지장보살 (절)
至心歸命禮 現大自在天身 地藏菩薩

지심귀명례 현대범천신 지장보살 (절)
至心歸命禮 現大梵天身 地藏菩薩

지심귀명례 현타화자재천신 지장보살 (절)
至心歸命禮 現他化自在天身 地藏菩薩

지심귀명례 현야마천신 지장보살 (절)
至心歸命禮 現夜摩天身 地藏菩薩

지심귀명례 현도사다천신 지장보살 (절)
至心歸命禮 現賭史多天身 地藏菩薩

지심귀명례 현제석천신 지장보살 (절)
至心歸命禮 現帝釋天身 地藏菩薩

지심귀명례 현사대천왕신 지장보살 (절)
至心歸命禮 現四大天王身 地藏菩薩

지심귀명례 현전륜왕신 지장보살 (절)
至心歸命禮 現轉輪王身 地藏菩薩

지심귀명례 현장부신 지장보살 (절)
至心歸命禮 現丈夫身 地藏菩薩

지심귀명례 현부녀신 지장보살 (절)
至心歸命禮 現婦女身 地藏菩薩

지심귀명례 현동남신 지장보살 (절)
至心歸命禮 現童男身 地藏菩薩

지심귀명례 현동녀신 지장보살 (절)
至心歸命禮 現童女身 地藏菩薩

지심귀명례 현용신 지장보살 (절)
至心歸命禮 現龍身 地藏菩薩

지심귀명례 현야차신 지장보살 (절)
至心歸命禮 現夜叉身 地藏菩薩

지심귀명례 현나찰신 지장보살 (절)
至心歸命禮 現羅刹身 地藏菩薩

지심귀명례 현아귀신 지장보살 (절)
至心歸命禮　現餓鬼身　地藏菩薩

지심귀명례 현사자신 지장보살 (절)
至心歸命禮　現獅子身　地藏菩薩

지심귀명례 현향상신 지장보살 (절)
至心歸命禮　現香象身　地藏菩薩

지심귀명례 현마신우신 지장보살 (절)
至心歸命禮　現馬身牛身　地藏菩薩

지심귀명례 현종종금수지신 지장보살 (절)
至心歸命禮　現種種禽獸之身　地藏菩薩

지심귀명례 현염마왕신 지장보살 (절)
至心歸命禮　現閻魔王身　地藏菩薩

지심귀명례 현지옥졸신 지장보살 (절)
至心歸命禮　現地獄卒身　地藏菩薩

지심귀명례 현지옥제유정신 지장보살 (절)
至心歸命禮　現地獄諸有情身　地藏菩薩

지심귀명례 증장사중수명 지장보살 (절)
至心歸命禮　增長四衆壽命　地藏菩薩

지심귀명례 증장사중무병 지장보살 (절)
至心歸命禮　增長四衆無病　地藏菩薩

지심귀명례 증장사중색력명문 지장보살 (절)
至心歸命禮　增長四衆色力名聞　地藏菩薩

지심귀명례 증장사중정계다문 지장보살 (절)
至心歸命禮 增長四衆淨戒多聞 地藏菩薩

지심귀명례 증장사중자구재보 지장보살 (절)
至心歸命禮 增長四衆資具財寶 地藏菩薩

지심귀명례 증장사중혜사 지장보살 (절)
至心歸命禮 增長四衆慧捨 地藏菩薩

지심귀명례 증장사중묘정 지장보살 (절)
至心歸命禮 增長四衆妙定 地藏菩薩

지심귀명례 증장사중안인 지장보살 (절)
至心歸命禮 增長四衆安忍 地藏菩薩

지심귀명례 증장사중방편 지장보살 (절)
至心歸命禮 增長四衆方便 地藏菩薩

지심귀명례 증장사중각분성제광명 지장보살 (절)
至心歸命禮 增長四衆覺分聖諦光明 地藏菩薩

지심귀명례 증장사중취입대승정도 지장보살 (절)
至心歸命禮 增長四衆趣入大乘正道 地藏菩薩

지심귀명례 증장사중법명 지장보살 (절)
至心歸命禮 增長四衆法明 地藏菩薩

지심귀명례 증장사중성숙유정 지장보살 (절)
至心歸命禮 增長四衆成熟有情 地藏菩薩

지심귀명례 증장사중대자대비 지장보살 (절)
至心歸命禮 增長四衆大慈大悲 地藏菩薩

지심귀명례 증장사중묘칭변만삼계 지장보살 (절)
至心歸命禮 增長四衆妙稱徧滿三界 地藏菩薩

지심귀명례 증장사중법우보윤삼계 지장보살 (절)
至心歸命禮 增長四衆法雨普潤三界 地藏菩薩

지심귀명례 증장사중일체대지정기자미 지장보살 (절)
至心歸命禮 增長四衆一切大地精氣滋味 地藏菩薩

지심귀명례 증장사중일체종자정기자미 지장보살 (절)
至心歸命禮 增長四衆一切種子精氣滋味 地藏菩薩

지심귀명례 증장사중일체선작사업 지장보살 (절)
至心歸命禮 增長四衆一切善作事業 地藏菩薩

지심귀명례 증장사중정법정기선행 지장보살 (절)
至心歸命禮 增長四衆正法精氣善行 地藏菩薩

지심귀명례 증장사중유익지수화풍 지장보살 (절)
至心歸命禮 增長四衆有益地水火風 地藏菩薩

지심귀명례 증장사중육도피안묘행 지장보살 (절)
至心歸命禮 增長四衆六到彼岸妙行 地藏菩薩

지심귀명례 영리우고희구만족 지장보살 (절)
至心歸命禮 令離憂苦希求滿足 地藏菩薩

지심귀명례 영리우고음식충족 지장보살
至心歸命禮 令離憂苦飮食充足 地藏菩薩

지심귀명례 영리우고자구비족 지장보살
至心歸命禮 令離憂苦資具備足 地藏菩薩

지심귀명례 영리원증애락합회 지장보살 (절)
至心歸命禮　令離怨憎愛樂合會　地藏菩薩

지심귀명례 영유중병신심안온 지장보살 (절)
至心歸命禮　令愈衆病身心安穩　地藏菩薩

지심귀명례 영사독심자심상향 지장보살 (절)
至心歸命禮　令捨毒心慈心相向　地藏菩薩

지심귀명례 영해뇌옥자재환희 지장보살 (절)
至心歸命禮　令解牢獄自在歡喜　地藏菩薩

지심귀명례 영리수집편달가해 지장보살 (절)
至心歸命禮　令離囚執鞭撻加害　地藏菩薩

지심귀명례 영창신심기력강성 지장보살 (절)
至心歸命禮　令暢身心氣力强盛　地藏菩薩

지심귀명례 영구제근무유손괴 지장보살 (절)
至心歸命禮　令具諸根無有損壞　地藏菩薩

지심귀명례 영리요뇌심무광란 지장보살 (절)
至心歸命禮　令離擾惱心無狂亂　地藏菩薩

지심귀명례 영리탐욕신심안락 지장보살 (절)
至心歸命禮　令離貪慾身心安樂　地藏菩薩

지심귀명례 영리위난안온무손 지장보살 (절)
至心歸命禮　令離危難安穩無損　地藏菩薩

지심귀명례 영리포외보전신명 지장보살 (절)
至心歸命禮　令離怖畏保全身命　地藏菩薩

지심귀명례 영리우고만족다문 지장보살 (절)
至心歸命禮　令離憂苦滿足多聞　地藏菩薩

지심귀명례 우살생자설숙앙단명보 지장보살 (절)
至心歸命禮　遇殺生者說宿殃短命報　地藏菩薩

지심귀명례 우절도자설빈궁고초보 지장보살 (절)
至心歸命禮　遇竊盜者說貧窮苦楚報　地藏菩薩

지심귀명례 우사음자설작합원앙보 지장보살 (절)
至心歸命禮　遇邪淫者說雀鴿鴛鴦報　地藏菩薩

지심귀명례 우악구자설권속투쟁보 지장보살 (절)
至心歸命禮　遇惡口者說眷屬鬪諍報　地藏菩薩

지심귀명례 우훼방자설무설창구보 지장보살 (절)
至心歸命禮　遇毀謗者說無舌瘡口報　地藏菩薩

지심귀명례 우진에자설추루융잔보 지장보살 (절)
至心歸命禮　遇瞋恚者說醜陋癃殘報　地藏菩薩

지심귀명례 우간린자설소구위원보 지장보살 (절)
至心歸命禮　遇慳悋者說所求違願報　地藏菩薩

지심귀명례 우음식무도자설기갈인병보 지장보살 (절)
至心歸命禮　遇飲食無度者說飢渴咽病報　地藏菩薩

지심귀명례 우전렵자정자설경광상명보 지장보살 (절)
至心歸命禮　遇畋獵恣情者說驚狂喪命報　地藏菩薩

지심귀명례 우패역부모자설천지재살보 지장보살 (절)
至心歸命禮　遇悖逆父母者說天地災殺報　地藏菩薩

지심귀명례 우소림자설광미취사보 지장보살 (절)
至心歸命禮　遇燒林者說狂迷取死報　地藏菩薩

지심귀명례 우망포생추자설골육분리보 지장보살 (절)
至心歸命禮　遇網抱生雛者說骨肉分離報　地藏菩薩

지심귀명례 우훼방삼보자설맹롱음아보 지장보살 (절)
至心歸命禮　遇毁謗三寶者說盲聾瘖瘂報　地藏菩薩

지심귀명례 우경법만교자설영처악도보 지장보살 (절)
至心歸命禮　遇輕法慢敎者說永處惡道報　地藏菩薩

지심귀명례 우파용상주자설윤회지옥보 지장보살 (절)
至心歸命禮　遇破用常住者說輪廻地獄報　地藏菩薩

지심귀명례 우오범무승자설영재축생보 지장보살 (절)
至心歸命禮　遇汚梵誣僧者說永在畜生報　地藏菩薩

지심귀명례 우탕화참작상생자설체상보 지장보살 (절)
至心歸命禮　遇湯火斬斫傷生者說逮償報　地藏菩薩

지심귀명례 우파계범재자설금수기아보 지장보살 (절)
至心歸命禮　遇破戒犯齋者說禽獸飢餓報　地藏菩薩

지심귀명례 우비리훼용자설소구궐절보 지장보살 (절)
至心歸命禮　遇非理毁用者說所求闕絶報　地藏菩薩

지심귀명례 우오아공고자설비사하천보 지장보살 (절)
至心歸命禮　遇吾我貢高者說卑使下賤報　地藏菩薩

지심귀명례 우양설투란자설무설백설보 지장보살 (절)
至心歸命禮　遇兩舌鬪亂者說無舌百舌報　地藏菩薩

지심귀명례 우사견자설변지수생보 지장보살 (절)
至心歸命禮 遇邪見者說邊地受生報 地藏菩薩

지심귀명례 백천방편교화중생 지장보살 (절)
至心歸命禮 百千方便敎化衆生 地藏菩薩

지심귀명례 문수사리보살 (절)
至心歸命禮 文殊師利菩薩

지심귀명례 보현보살 (절)
至心歸命禮 普賢菩薩

지심귀명례 관세음보살 (절)
至心歸命禮 觀世音菩薩

지심귀명례 대세지보살 (절)
至心歸命禮 大勢至菩薩

지심귀명례 아일다보살 (절)
至心歸命禮 阿逸多菩薩

지심귀명례 재수보살 (절)
至心歸命禮 財首菩薩

지심귀명례 정자재왕보살 (절)
至心歸命禮 定自在王菩薩

지심귀명례 광목보살 (절)
至心歸命禮 光目菩薩

지심귀명례 일광보살 (절)
至心歸命禮 日光菩薩

지심귀명례 월광보살 (절)
至心歸命禮 月光菩薩

지심귀명례 무진의보살 (절)
至心歸命禮 無盡意菩薩

지심귀명례 해탈보살 (절)
至心歸命禮 解脫菩薩

지심귀명례 보광보살 (절)
至心歸命禮 普廣菩薩

지심귀명례 진시방삼세일체보살 (절)
至心歸命禮 盡十方三世一切菩薩

지심귀명례 발양계교권선대사 도명존자 (절)
至心歸命禮 發揚啓教勸善大師 道明尊者

지심귀명례 진시방삼세일체현성승 (절)
至心歸命禮 盡十方三世一切賢聖僧

예배하온 큰 공덕과 뛰어난 행의
가없는 수승한 복을 회향하오니
원컨대 고통바다 떠도는 모든 중생들
어서 바삐 광명세계에 태어나지이다.

『지장보살, 지장보살……』(염불)

지장보살 멸정업진언地藏菩薩 滅定業眞言
『옴 바라 마니다니 사바하』(3번)

광명진언光明眞言
『옴 아모카 바이로차나 마하무드라 마니파드마
즈바라 프라바를타야 훔』(3번)

〔탄 백 歎白〕
지장보살 마하살 크신 위신력
항하사 겁인들 어찌 말하리
일념동안 우러르고 예배한데도
그 공덕 하늘 땅에 짝이 없어라.

〔육도참회문 六道懺悔文〕
『원합노니 사생육도 모든 중생이
다생동안 지은죄업 참회하오니
온갖장애 남김없이 소멸되옵고
세세생생 보살도를 닦아지이다.』(3번)

저희들이 지어온 모든 공덕들
일체 중생들의 공덕이 되어
모든 중생 빠짐없이 성불하옵고
위없는 불국토를 이뤄지이다.

정토왕생 천도진언

1. 광명진언 光明眞言

옴 아모카 바이로차나 마하무드라 마니 파드마 즈바라 프라파릍타야 훔

※ 만일 어떤 중생이 어디서든 이 진언을 얻어 듣되 두 번이나 세 번, 또는 일곱 번 귓가에 스쳐 지나치기만 해도 곧 모든 업장이 사라지게 된다. 만일 어떤 중생이 십악업과 오역죄와 사중죄를 지은 것이 세상에 가득한 먼지처럼 많아 목숨을 마치고 나쁜 세계에 떨어지게 되었을지라도 이 진언을 108번 외운 흙모래를 죽은 이의 시신 위에 흩어주거나 묘 위나 탑 위에 흩어주면, 죽은 이가 지옥에 있거나 아귀, 아수라, 축생 세계에 있거나 그 모래를 맞게 된다. 그리하여 모든 부처님과 비로자나 부처님 진언의 본원과 광명진언을 외운 흙모래의 힘으로 즉시 몸에 광명을 얻게 되고 모든 죄의 업보를 없애게 된다. 그래서 고통받는 몸을 버리고 서방 극락세계에 가게 되어 연화대에 환생할 것이다. 그리하여 깨달음에 이르기까지 다시는 타락하지 않을 것이다. (원효대사 유심안락도 中)

2. 무량수불설왕생정토주 無量壽佛說往生淨土呪

나무 아미다바야 다타가다야 다디야타 아미리 도바비 아미리다 싯담바비 아미리다 비가란제 아미리다 비가란다 가미니 가가나 깃다가례 사바하

※ 무량수불, 곧 한량없는 생명을 지닌 아미타 부처님께 귀의하며 왕생하는 진언

3. 결정왕생정토진언 決定往生淨土眞言

나무 사만다 못다남 옴 아마리 다바베 사바하

※ 반드시 극락정토에 태어나겠다는 서원을 세우고 다지는 진언

4. 지장보살 츰부다라니 地藏菩薩 讖蒲陀羅尼

츰부 츰부 츰츰부 아가셔츰부 바결랍츰부 암발랍츰부 비라츰부 발결랍츰부 아루가츰부 담뭐츰부 설더뭐츰부 살더닐하뭐츰부 비바루가

찰뷔츰부 우뷔셤뭐츰부 내여나츰부 뷜랄여삼
므디랄나츰부 찰나츰부 비실바리여츰부 셔살
더랄바츰부 비어자수재맘히리 담미 셤미 잡결
랍시 잡결랍뮈스리 치리 시리 결랄뷔뷜러 발
랄디 히리 벌랄비 뷜랄저러니달니 헐랄달니
뷔러 져져져져 히리 미리 이결타 탑기 탑규루
탈리 탈리 미리 뭐대 더대 구리 미리 앙규즈
더비 얼리 기리 뷔러 기리 규차섬뮈리 징기
둔기 둔규리 후루 후루 후루 규루술두미리 미
리디 미리대 뷘자더 허러히리 후루 후루루

※ 이 진언은 산 자와 죽은 영가 모두에게 탁하고 삿된 기운과 마음을
   맑혀주고 성불(成佛)로 나아가는 진리의 등을 항상 밝히게 하며 정
   법이 흐트러지지 않게 한다. 곧 모든 생명들이 서 있는 자리에서 불
   법을 배우고 닦는 수행을 하게 하는 마음을 지녀 깨달음에로 나아
   가 삼독심(三毒心)의 어둠에서 벗어나게 하는 원을 세우게 한다.

5. 해탈주 解脫呪

나무동방 해탈주세계 허공공덕 청정미진 등목단정
南無東方　解脫呪世界　虛空功德　淸淨微塵　等目端正

공덕상 광명화 파두마 유리광 보체상 최상향 공양흘
功德相 光明華 彼頭摩 琉璃光 寶體相 最上香供養訖

종종장엄정계 무량무변 일월광명 원력장엄 변화장엄
種種莊嚴頂髻 無量無邊 日月光明 願力莊嚴 變化莊嚴

법계출생 무장애왕『여래아라하 삼먁삼불타』
法界出生　無障碍王

※ 불보살님의 자비광명과 호법신중님의 옹호력으로 몸과 마음에 장애나 고통이 있는 이들이 그로부터 모두 벗어날 수 있도록 힘과 용기를 주는 진언이며, 특히 이 생에서의 목숨을 끝마친 영가들에게는 모든 애착과 한들을 다 놓으시고 극락왕생하시도록 천도드리는 진언이다.

6. 파지옥진언 破地獄眞言

① 옴 가라지야 사바하

② 나모 아다시지남 삼먁삼못다 구치남 다냐타
옴 아자나바바시 지리지리 훔

※ 지옥고에 시달리는 모든 영가들이 불보살님의 가피력으로 구제되기를 기원드리는 진언

영가축원문

영가시여　저희들이　일심으로　염불하니
무명업장　소멸하고　반야지혜　드러내어
생사고해　벗어나서　해탈열반　성취하사
극락왕생　하옵시고　모두성불　하옵소서
사대육신　허망하여　결국에는　사라지니
이육신에　집착말고　참된도리　깨달으면
모든고통　벗어나고　부처님을　친견하리
살아생전　애착하던　사대육신　무엇인고
한순간에　숨거두니　주인없는　목석일세
인연따라　모인것은　인연따라　흩어지니
태어남도　인연이요　돌아감도　인연인걸
그무엇을　애착하고　그무엇을　슬퍼하랴
몸뚱이를　가진자는　그림자가　따르듯이

일생동안 살다보면 죄없다고 말못하리
죄의실체 본래없어 마음따라 생기나니
마음씀이 없어질때 죄업역시 사라지네
죄란생각 없어지고 마음또한 텅비워서
무념처에 도달하면 참회했다 말하리라
한마음이 청정하면 온세계가 청정하니
모든업장 참회하여 청정으로 돌아가면
영가님이 가시는길 광명으로 가득하리
가시는길 천리만리 극락정토 어디인가
번뇌망상 없어진곳 그자리가 극락이니
삼독심을 버리고서 부처님께 귀의하면
무명업장 벗어나서 극락세계 왕생하리
제행은 무상이요 생자는 필멸이라
태어났다 죽는것은 모든생명 이치이니
임금으로 태어나서 온천하를 호령해도
결국에는 죽는것을 영가님은 모르는가
영가시여 어디에서 이세상에 오셨다가

가신다니 가시는곳 어디인줄 아시는가
태어났다 죽는것은 중생계의 흐름이라
이곳에서 가시면은 저세상에 태어나니
오는듯이 가시옵고 가는듯이 오신다면
이육신의 마지막을 걱정할것 없잖는가
일가친척 많이있고 부귀영화 높았어도
죽는길엔 누구하나 힘이되지 못한다네
맺고쌓은 모든감정 가시는길 짐되오니
염불하는 인연으로 남김없이 놓으소서
미웠던일 용서하고 탐욕심을 버려야만
청정하신 마음으로 불국정토 가시리라
삿된마음 멀리하고 미혹함을 벗어나야
반야지혜 이루시고 왕생극락 하오리다
본마음은 고요하여 옛과지금 없다하니
태어남은 무엇이고 돌아감은 무엇인가
부처님이 관밖으로 양쪽발을 보이셨고
달마대사 총령으로 짚신한짝 갖고갔네

이와같은　높은도리　영가님이　깨달으면
생과사를　넘었거늘　그무엇을　슬퍼하랴
뜬구름이　모였다가　흩어짐이　인연이듯
중생들의　생과사도　인연따라　나타나니
좋은인연　간직하고　나쁜인연　버리시면
이다음에　태어날때　좋은인연　만나리라
사대육신　흩어지고　업식만을　가져가니
탐욕심을　버리시고　미움또한　거두시며
사견마저　버리시어　청정해진　마음으로
부처님의　품에안겨　왕생극락　하옵소서
돌고도는　생사윤회　자기업을　따르오니
오고감을　슬퍼말고　환희로써　발심하여
무명업장　밝히시면　무거운짐　모두벗고
삼악도를　뛰어넘어　극락세계　가오리다
이세상에　처음올때　영가님은　누구셨고
사바일생　마치시고　가시는이　누구신가
물이얼어　얼음되고　얼음녹아　물이되듯

이세상의 삶과죽음 물과얼음 같으오니
육친으로 맺은정을 가벼웁게 거두시고
청정해진 업식으로 극락왕생 하옵소서
영가시여 사바일생 다마치는 임종시에
지은죄업 남김없이 부처님께 참회하고
한순간도 잊지않고 부처님을 생각하면
가고오는 곳곳마다 그대로가 극락이니
첩첩쌓인 푸른산은 부처님의 도량이요
맑은하늘 흰구름은 부처님의 발자취며
뭇생명의 노래소리 부처님의 설법이고
대자연의 고요함은 부처님의 마음이니
불심으로 바라보면 온세상이 불국토요
범부들의 마음에는 불국토가 사바로다
나다너다 모든분별 본래부터 공이거니
빈손으로 오셨다가 빈손으로 가시거늘
그무엇에 얽매여서 극락왕생 못하시나
저희들이 일심으로 독송하는 진언따라

지옥세계 무너지고 맺은원결 풀어지며
아미타불 극락세계 상품상생 하옵소서

※ 이어서 "정토왕생 천도진언"을 염송해 드리면 좋습니다.

저희들이 지성으로 합장하고 머리숙여
부처님께 원하오니 대자비를 내리시어
금일영가 극락왕생 하시도록 굽어살펴
주옵소서.
나무 서방정토 극락세계 대자대비 아미타불

태아영가 축원문

○○도량 ○○사에 그간인연 지극하여

아미타불 원력으로 태안지장 강림하사

세상모든 어미들아 마음열어 참회하라

법당열어 부르시네 이런저런 인연이며

핑계댈일 많지만은 지극참회 발원하면

못이룰일 무엇일까 세상에서 가장넓은

어미가슴 활짝열고 다시한번 돌아보아

참회발원 하옵소서

살기힘든 지난세상 무지하여 저지른일

지금다시 돌아보아 참회하며 발원하소

아이들아 미안하다 정말정말 미안하다

그동안에 고통들을 태안지장 의지하여

순간으로 잊게하마 아미타불 가피력에

수기받아 거듭나라 탐진치에 어둔마음
세상고락 헤매느라 너희들을 잊었구나
오늘이곳 기도받아 아미타불 품안으로
옮겨가는 순간찰라 부처님의 가피력에
영생의길 가고지고 여기피운 향한촉은
너희마음 정화하고 여기밝힌 초한등은
너희길을 밝힘이니 우유한잔 목을축여
오늘기도 지극정성 마음속에 깊이새겨
마음열고 눈을떠서 삼십삼천 극락세계
부처님을 친견하여 너희갈길 찾아가라
우주천지 법계간에 의지할곳 오직한길
부처님길 하나이니 아무곳도 찾지말고
영생의길 따라가면 극락세계 그곳이다
어서어서 따라가라 서방정토 극락세계
아미타불 품안으로
나·무·아·미·타·불

지장경과 지장기도

　지장경은 당대(唐代)의 역경삼장이신 실차난타(實叉難陀 652-720)에 의해 처음으로 한역(漢譯)되어 유포되었으며 우리말로 된 첫 번역본은 1752년(영조 28년) 학조(學祖)에 의해 지장경 언해(諺解)가 간행되었다. 그뒤 근대사에 들어와 대각교운동(大覺敎運動)을 주창하신 백용성(白龍城)선사께서 불교의 대중화를 위해 1939년에 새로운 한글본을 발간하였다.

　대지(大地)는 만물을 키워내는 위대한 힘을 갖는 것처럼 지장보살은 유명계의 주존(主尊)이시며 시왕(十王)을 거느리며 지옥에 빠진 뭇 생명들을 소생시키는 장엄한 위신력을 지닌 분으로 모두가 그리는 아름다운 정토세상으로 우리를 인도하시는 아미타부처님의 협시보살이시다.

　또한 자신의 성불을 미루면서까지 모든 생명들을 깨달음의 길로 인도하겠다는 서원을 세우신 지장보살은 불교의 동체대비(同體大悲)정신을 가장 대표적으로 실현해 보이신 자비의 보살님이시다.

　그리고 여러 중생계 중에서 모든 이들이 가장 싫어하고 두려워하는 지옥계를 스스로 찾아가 당신의 집으로 삼고 지난 생의 업보에 의한 고통으로 신음하는 생명들을 구제하며 쉼없이 자신을 낮추시는 실천의 보살님이시다.

　　그동안 우리 사회를 지탱해 주었던 삶의 가치관이나 도덕, 그리고 함께 더불어 살아가는 아름다운 공동체의식들이 급속하게 무너져 가고 있는 오늘날, 우리는 불교의 가르침 가운데 특히 지장보살의 서원 속에서 다시금 새롭게 구현해나가야 할 오늘과 내일의 이상적인 삶의 모습과 세상을 그려보게 된다.

　　따라서 지장보살본원(地藏菩薩本願)의 힘을 빌어 죽은 이를 천도함이란 곧 산 자들도 함께 밝은 광명의 세계로 나아가야 함일 수밖에 없으며, 참다운 기복신앙(祈福信行)이란 복을 구하는 소박한 마음이 곧 자비를 나누는 보살의 마음과 하나가 되는 모두의 작복신행(作福信行)으로 나아갈 수 밖에 없다함을 깨닫게 하고 계시는 것이다.

　　천백억의 몸을 나투시어 중생구제와 지극한 교화주 되신 지장보살은 우리가 지극한 마음으로 명호를 부르며 귀의하지만 모든 삶들 속에 낱낱의 분신(分身)으로 그 몸을 나투시는 이 땅의 지장보살로 오시게 해야 하리라.

　　　　衆生度盡　方證菩提　地獄不空　誓不成佛

　　　　온누리의 모든 생명들이 참된 존재의 모습을 여실히 깨달아
　　기나긴 세월동안 숱하게 반복되어 이어온 모든 삶의 굴레를 벗어버리고
　　　깨침과 나눔의 아름다운 정토세상으로 나아가 하나 될 때까지
　　　　　나는 결코 안락한 열반의 세계에 머물지 않으리라.
　　　　　　　　　　- 지장보살의 서원 中 -

장수멸죄경과 태아영가천도

　이 경전의 원래 이름은 불설장수멸죄호제동자다라니경(佛說長 壽滅罪護諸童子陀羅尼經)으로 속장경(續藏經)에 실려있는 경전으 로 밀교부에 속하며 약칭 장수경, 장수멸죄경이라 칭한다.

　경전의 주요내용은 낙태 후 살생에 대한 과보를 두려워하는 전 도(轉倒)라는 여인의 참회와 서원, 그리고 죄업을 녹여가는 과정 을 그리고 있다.

·태안지장의 슬픈 설화

　양수에서 성장하는 태아의 영을 태아령(胎兒靈)이라고 부르 며 태아령의 천도를 위한 지장보살님을 태안지장보살(胎安地藏 菩薩)이라고 부른다. 오른손에는 아미타불을 모신 석장을 짚고 왼손으로는 동자를 안고 있는 태안지장의 모습은 다음과 같은 불교설화에서 유래한다.

　"이승과 저승 사이에 삼도(三途)의 강(江)이 흐른다. 이 강가 모래밭에는 부모자식의 인연이 두텁지 못해 어려서 죽은 갓난아 이와 햇빛도 보지 못하고 죽어간 핏덩이들이 모래밭에서 고사리 손을 모아 탑을 쌓고 있다고 한다. 부처님의 공덕을 빌어 삼도 의 강을 건너려 고사리 손을 모아 돌 하나를 들고 어머니를 생 각하며 합장하고, 다시 하나의 돌을 들어 아버지를 생각하며 탑 을 쌓는다. 그러나 하나의 탑이 완성되어 갈 때 쯤이면 저승의 도깨비들이 나타나 호통을 치며 쇠방망이로 탑을 부숴버린다. 애써 쌓아올린 탑이 무너져 내리면 어린 영혼들은 그만 모래밭에 쓰러져 서럽게 서럽게 울다 지쳐서 잠이 들어 버린다.

그때 지장보살님이 눈물을 흘리며 나타나서 옷자락으로 어린 영혼을 감싸안으면서, 오늘부터는 나를 어머니라고 불러라" 하면서 삼도의 강을 건네준다고 한다.

가슴을 에이고 뼈를 깎는 듯한 슬픈 이야기이다. 저승의 어머니 지장보살을 의탁하여 부모의 죄업을 씻고 어린영혼을 천도하는 의례는 이로부터 시작된다.

어둠에서 어둠으로 스러져간 어린 넋들의 천도를 발원하고 우리들의 죄업을 참회하기 위해서는 간곡한 마음으로 지장보살을 부르지 않을 수 없다.

저 대지가 모든 오물과 쓰레기를 모두 용해시켜 새로운 생명을 탄생시키듯 지장보살은 어떠한 죄인이라도 모두 받아들여 용서하고 새로운 생명을 꽃피워 주기 때문이다.

· 태아령 천도공양법

우리의 조상들은 아기가 태어나면 정신기운이 형성되는 49일 동안 삿된 기운이 범치 못하도록 출입을 통제하는 금줄을 쳤다. 아기에게 나쁜 영향을 미칠까 염려하여 7·7일 동안 포수는 사냥을 하지 않고 근신하였으며 집안에서도 살생을 삼가하고 남을 속이거나 악담을 삼가하였다.

이승의 삶을 마치고 영혼의 여행길에 나선 영가에게도 49일 간의 정성은 더욱 중요하다. 우리가 여행할 때에도 친절한 안내를 받으면 헤매이지 않듯이 7·7일 동안 영가를 위한 기도는 저승길을 밝혀주는 한줄기 빛이다.

· 참회와 발원

① 태아령을 천도하고자 하는 이는 먼저 목욕재계하고 정성스런 공양물을 준비하여 지장보살 전에 올린다.

② 지장보살 전에 몸과 마음을 기울여 108배의 큰 절을 올린다.

③ 절 한번 할 때마다 지장보살 멸정업진언 '옴 바라 마니 다니 사바하'를 일곱번씩 염송한다.

④ 예배가 끝나면 고요히 앉아 지장보살님의 모습을 마음에 그리며 지장보살 명호를 천 번 이상 부른다.

⑤ 마지막으로 지장보살 십선계를 낭송하여 이기적 삶의 태도를 반성하고 대승보살의 삶을 발원한다.

· 사경(寫經)과 사불(寫佛)

태아령의 천도를 위한 기도는 '반야심경' 사경과 '지장보살' 사불을 권한다.

절실한 참회의 마음과 진실한 천도의 마음을 내어 사경과 사불의 기도를 49일 동안 행하는 것이 가장 이상적이다.

사경신앙의 근본은 1자 1불(一字一佛)의 신앙이다. 경전의 한 글자 한 글자가 바로 한 부처님이라는 가장 공경스러운 믿음으로 한 점 한 획에 불상을 조성하는 정성으로 서사하여야 한다.

한편의 사경과 사불이 끝나면 경문 옆에 '태아령 왕생정토발원'이라 쓰고 사경일자와 본인의 이름을 쓴다.

오늘날 우리는 뒤집혀진 가치관 아래 온갖 죄악과 삿된 소견이 가득찬 오탁악세의 시대에 살고 있다. 지장보살은 바로 죄업과 질병으로 신음하는 죄업중생들의 자애로운 어머니로 존재하신다.

아, 애욕과 죄악에는 빠지기 쉽고 공덕과 해탈은 이루기 어려운 덧없는 인간의 삶.

아, 지장의 마음을 알게 되면 인간의 한평생이란 당신의 이름만을 부르기에도 너무나 짧은 것을…… 지극한 마음으로 '반야심경' 한편을 사경할 때 지옥의 고통이 멈추고, 지극한 정성으로 지장보살님 한 분 그릴 때 지옥중생 한 명이 해탈하게 된다.

-「태아령천도공양법(현장스님)」 참조-

지장경 독경기도 일일점검표

스스로 서원誓願한 기도의 실천정도에 따라 '0점~100점' 까지
매일매일 기입하시고 끝나는 날에 총 평점을 매겨보도록 하십시오.

1.발원 :   기간 : 년 월 일 ～ 월 일

일자 월 일	일자 월 일	일자 월 일	일자 월 일	일자 월 일	일자 월 일	일자 월 일	일자 월 일	일자 월 일	일자 월 일
일자 월 일	일자 월 일	일자 월 일	일자 월 일	일자 월 일	일자 월 일	일자 월 일	일자 월 일	일자 월 일	일자 월 일
일자 월 일	일자 월 일	일자 월 일	일자 월 일	일자 월 일	일자 월 일	일자 월 일	일자 월 일	일자 월 일	일자 월 일

평균점수 :   점

2.발원 :   기간 : 년 월 일 ～ 월 일

일자 월 일	일자 월 일	일자 월 일	일자 월 일	일자 월 일	일자 월 일	일자 월 일	일자 월 일	일자 월 일	일자 월 일
일자 월 일	일자 월 일	일자 월 일	일자 월 일	일자 월 일	일자 월 일	일자 월 일	일자 월 일	일자 월 일	일자 월 일
일자 월 일	일자 월 일	일자 월 일	일자 월 일	일자 월 일	일자 월 일	일자 월 일	일자 월 일	일자 월 일	일자 월 일

평균점수 :   점

3.발원 :   기간 : 년 월 일 ～ 월 일

일자 월 일	일자 월 일	일자 월 일	일자 월 일	일자 월 일	일자 월 일	일자 월 일	일자 월 일	일자 월 일	일자 월 일
일자 월 일	일자 월 일	일자 월 일	일자 월 일	일자 월 일	일자 월 일	일자 월 일	일자 월 일	일자 월 일	일자 월 일
일자 월 일	일자 월 일	일자 월 일	일자 월 일	일자 월 일	일자 월 일	일자 월 일	일자 월 일	일자 월 일	일자 월 일

평균점수 :   점

4.발원 :   기간 : 년 월 일 ～ 월 일

일자 월 일	일자 월 일	일자 월 일	일자 월 일	일자 월 일	일자 월 일	일자 월 일	일자 월 일	일자 월 일	일자 월 일
일자 월 일	일자 월 일	일자 월 일	일자 월 일	일자 월 일	일자 월 일	일자 월 일	일자 월 일	일자 월 일	일자 월 일
일자 월 일	일자 월 일	일자 월 일	일자 월 일	일자 월 일	일자 월 일	일자 월 일	일자 월 일	일자 월 일	일자 월 일

평균점수 :   점

5.발원 :   기간 : 년 월 일 ～ 월 일

일자 월 일	일자 월 일	일자 월 일	일자 월 일	일자 월 일	일자 월 일	일자 월 일	일자 월 일	일자 월 일	일자 월 일
일자 월 일	일자 월 일	일자 월 일	일자 월 일	일자 월 일	일자 월 일	일자 월 일	일자 월 일	일자 월 일	일자 월 일
일자 월 일	일자 월 일	일자 월 일	일자 월 일	일자 월 일	일자 월 일	일자 월 일	일자 월 일	일자 월 일	일자 월 일

평균점수 :   점

지장경 독경기도 일일점검표

스스로 서원誓願한 기도의 실천정도에 따라 '0점~100점' 까지
매일매일 기입하시고 끝나는 날에 총 평점을 매겨보도록 하십시오.

1.발원 :　　　　　　　　　　　　　　　　　기간 :　년 월 일 ～　　월 일

일자 월 일	일자 월 일	일자 월 일	일자 월 일	일자 월 일	일자 월 일	일자 월 일	일자 월 일	일자 월 일	일자 월 일
일자 월 일	일자 월 일	일자 월 일	일자 월 일	일자 월 일	일자 월 일	일자 월 일	일자 월 일	일자 월 일	일자 월 일
일자 월 일	일자 월 일	일자 월 일	일자 월 일	일자 월 일	일자 월 일	일자 월 일	일자 월 일	일자 월 일	일자 월 일

평균점수 :　　　　점

2.발원 :　　　　　　　　　　　　　　　　　기간 :　년 월 일 ～　　월 일

일자 월 일	일자 월 일	일자 월 일	일자 월 일	일자 월 일	일자 월 일	일자 월 일	일자 월 일	일자 월 일	일자 월 일
일자 월 일	일자 월 일	일자 월 일	일자 월 일	일자 월 일	일자 월 일	일자 월 일	일자 월 일	일자 월 일	일자 월 일
일자 월 일	일자 월 일	일자 월 일	일자 월 일	일자 월 일	일자 월 일	일자 월 일	일자 월 일	일자 월 일	일자 월 일

평균점수 :　　　　점

3.발원 :　　　　　　　　　　　　　　　　　기간 :　년 월 일 ～　　월 일

일자 월 일	일자 월 일	일자 월 일	일자 월 일	일자 월 일	일자 월 일	일자 월 일	일자 월 일	일자 월 일	일자 월 일
일자 월 일	일자 월 일	일자 월 일	일자 월 일	일자 월 일	일자 월 일	일자 월 일	일자 월 일	일자 월 일	일자 월 일
일자 월 일	일자 월 일	일자 월 일	일자 월 일	일자 월 일	일자 월 일	일자 월 일	일자 월 일	일자 월 일	일자 월 일

평균점수 :　　　　점

4.발원 :　　　　　　　　　　　　　　　　　기간 :　년 월 일 ～　　월 일

일자 월 일	일자 월 일	일자 월 일	일자 월 일	일자 월 일	일자 월 일	일자 월 일	일자 월 일	일자 월 일	일자 월 일
일자 월 일	일자 월 일	일자 월 일	일자 월 일	일자 월 일	일자 월 일	일자 월 일	일자 월 일	일자 월 일	일자 월 일
일자 월 일	일자 월 일	일자 월 일	일자 월 일	일자 월 일	일자 월 일	일자 월 일	일자 월 일	일자 월 일	일자 월 일

평균점수 :　　　　점

5.발원 :　　　　　　　　　　　　　　　　　기간 :　년 월 일 ～　　월 일

일자 월 일	일자 월 일	일자 월 일	일자 월 일	일자 월 일	일자 월 일	일자 월 일	일자 월 일	일자 월 일	일자 월 일
일자 월 일	일자 월 일	일자 월 일	일자 월 일	일자 월 일	일자 월 일	일자 월 일	일자 월 일	일자 월 일	일자 월 일
일자 월 일	일자 월 일	일자 월 일	일자 월 일	일자 월 일	일자 월 일	일자 월 일	일자 월 일	일자 월 일	일자 월 일

평균점수 :　　　　점

"불법을 바로 세워 세상을 구제함은 가장 큰 복밭이어라."

興 佛 救 世 福 田

부처님 가르침은 세상을 바로 보고, 바르게 살아가게 하는 눈을 뜨게 해줍니다. 그리고 그런 눈뜸으로 일상 속에서 쉼없이 정진하여 자신의 삶을 당당하게, 세상의 주인되어 힘차게 열어가도록 일깨워주십니다.

이러한 불법佛法이 융성한 땅은 행복이 가득한 광명세상 되고 자비나눔의 아름다운 정토세계 되어 우리 앞에 나툴 것입니다. 그리고 우리가 꿈꾸는 아름다운 삶의 가치와 보람은 부처님께서 깨달으신 위 없는 가르침을 우리들 현실 속에서 구현할 때 비로소 완성될 수 있습니다.

붓다께서 2,600여년 전에 이미 깨달음을 이루시고, 우리에게 간곡하게 일러주신 소중한 가르침은 경전과 좋은 불교서적을 통해서 배우고 체득할 수 있기에, 이런 등불이 되어주는 불서를 간행하고 배포하는 일들은 '불사佛事 중의 참불사'라 할 것입니다. 그리고 이는 하나의 씨앗을 심어 몇 십배의 알곡을 수확할 수 있는 훌륭한 씨앗이며, 보배로운 법공양불사法供養佛事임에 틀림없습니다.

그러한 까닭에 법공양 올리는 불사의 공덕功德은 세상을 살아가면서 겪게 되는 온갖 어려움과 질곡에서 우리를 일으켜 세워주는 큰 힘 되어 나툴 수 밖에 없는 것입니다.

불자님의 검소한 생활로 만들어진 정재淨財로 이웃에게 부처님의 가르침을 전하는 전법불사傳法佛事에 귀한 도구로 쓰여질 법공양 헌공獻供에 동참하실 것을 권선勸善합니다. 액수의 크고 작음에 관여하지 마시고 함께 하십시요.

저희 불교서원은 불자님의 정성이 배가 될 수 있도록, 님께서 지으신 공덕 이웃과 세상에 회향廻向되어 더욱 늘어나도록 저희들 정성을 더하겠습니다. 또한 불서들이 필요한 곳마다 나누어 귀한 쓰임이 되도록 노력하겠습니다.

마하반야바라밀 마하반야바라밀 나무마하반야바라밀

법공양 권선도량 불교서원佛教書院 합장
법공양 상담 062.226.3056

경전을 간행하고 독경하는 열가지 이익

1. 전생에 지은 죄업이 곧 소멸되고 무거운 것은 가벼워진다.
2. 항상 선신이 보호하여 삼재팔난에서 벗어난다.
3. 전생의 원수들이 원결을 풀어 보복이 없어진다.
4. 삿된 기운의 침해를 받지 않는다.
5. 몸과 마음이 안락하고 꿈자리가 상서롭다.
6. 의식이 풍족해지고 가정이 화목해진다.
7. 사람들이 친근감을 갖게 되고 대중들의 공경예배를 받게 된다.
8. 지혜가 자라나고 질병이 소멸된다.
9. 장애자로 태어나지 않고 좋은 상호를 갖추게 된다.
10. 임종 후에는 정토에 태어나 열반의 길에 오른다.

지장보살본원경
장수멸죄경

불기 2551(2007)년 5월 17일 1판발행
불기 2566(2022)년 10월 20일 발행

펴낸이 / 문선우 文善友
펴낸곳 / 불교서원 佛敎書院

광주광역시 동구 동계천로95번길34 (동명동)
대표전화 : (062) 226-3056   전송 : 5056
출판등록번호 : 제 105-01-0160호(1998.12.29)

값 10,000원

전법을 위한   드립니다.